拼多多

开店运营推广一本通

营销铁军 著

民主与建设出版社
·北京·

© 民主与建设出版社，2020

图书在版编目（CIP）数据

拼多多开店运营推广一本通 / 营销铁军著 . — 北京：民主与建设出版社，2020.8（2025.5 重印）
ISBN 978-7-5139-3099-4

Ⅰ.①拼… Ⅱ.①营… Ⅲ.①电子商务—运营 Ⅳ.① F713.365.1

中国版本图书馆 CIP 数据核字 (2020) 第 104090 号

拼多多开店运营推广一本通
PINDUODUO KAIDIAN YUNYING TUIGUANG YIBENTONG

著 者	营销铁军
责任编辑	彭 现
装帧设计	尧丽设计
出版发行	民主与建设出版社有限责任公司
电 话	（010）59417749　59419778
社 址	北京市朝阳区宏泰东街远洋万和南区伍号公馆 4 层
邮 编	100102
印 刷	大厂回族自治县彩虹印刷有限公司
版 次	2020 年 8 月第 1 版
印 次	2025 年 5 月第 6 次印刷
开 本	710mm×1000mm　1/16
印 张	14
字 数	193 千字
书 号	ISBN 978-7-5139-3099-4
定 价	49.00 元

注：如有印、装质量问题，请与出版社联系。

2019年底,拼多多平台的活跃用户达5.85亿人,活跃商户达360多万家,平台年交易额突破万亿大关,这让拼多多一举成为国内第二大电商平台。

相比于国内其他大电商平台,拼多多上线较晚(2015年9月才正式上线)。但是,拼多多发展势头非常迅猛,仅用3年的时间,就在美国的纳斯达克上市。此外,拼多多用户的增长速度可谓势如破竹,在上市时,已达3亿人的用户规模。

拼多多作为一家C2M(Customer to Manufactory,客户对工厂)模式的第三方移动电商平台,在坚持"以人为先"发展理念的同时,将娱乐与分享互动的理念融入电商运营中,对传统供应链成本进行极致压缩,为消费者提供公平且最具性价比的选择。拼多多在电商市场上取得的成绩,与其核心竞争力——创新的电商模式和优质低价的商品密切相关。拼多多平台主打拼单,拼单意味着用户和订单大量、迅速地涌入,这样,丰厚的订单使得拼多多可以直接与供货厂商(或国外厂商的国内总代理)合作对话,省掉诸多中间环节,实现C2B(Customer to Business,消费者对企业)模式,从而让平台商品的价格优势进一步放大。

如今,拼多多在电商市场中吸引着大量的优质店铺和电商从业人员进入。在电商与社交相结合的当下,拼多多塑造着更加完美的消费体验。利益刺激下的社交分享、裂变式传播,让平台更具活力,从而赢取了更多卖家和消费者的青睐。所以,拼多多平台成了很多电商从业者的选择。

本书结合拼多多平台的运行模式与规则，将拼多多平台的商家入驻及店铺运营推广策略与技巧完整地展示出来，是一本能帮助商家高效提升拼多多店铺的运营能力和获利能力的实操指南。

我们希望通过本书，能将拼多多平台的基本运营思路传递给读者，让读者对拼多多平台的店铺运营有一个基本的认识。然后根据本书的指导，以及拼多多后台管理中丰富的学习资源，帮助商家快速成长，进而成为拼多多店铺运营高手。

本书在写作的过程中，虽然在实操性上采用最新的拼多多平台版本，但是因为拼多多平台一直处于升级的状态当中，所以本书中涉及的一些操作很有可能与后续平台更新后的版本有些许不同，不过大致的操作思路是不变的，读者遇到这种情况时可以根据最新的平台版本进行相关操作即可。

目录

第一章 多角度认识社交电商拼多多

从无到有，拼多多的快速成长史　002

核心优势：拼多多获利的关键　005

四大运营思维，决定拼多多的运营成果　009

独特的用户增长逻辑，激活拼多多的蓝海市场　013

第二章 做好准备工作，为顺利开店打好基础

根据店铺类型，备全开店资料　018

做好产品定位，找准货源　022

了解拼多多定价策略，为产品合理定价　025

开店必备——人才与资金布局　028

第三章 熟悉开店流程，掌握后台精细化操作

熟悉注册开店流程，了解商品上架操作　032

进入拼多多管理后台，掌握各板块操作　038

全面认识拼多多 App 页面功能　060

了解相关规则，正确使用拼多多平台　067

拼多多新手要面临的店铺问题与对策　070

第四章 美工助力，打造个性化视觉店铺

学习拍摄技巧，打造爆款照片 …… 074

店铺招牌与首页设计，让用户耳目一新 …… 078

使用主图设计技巧，提高商品点击率 …… 083

掌握商品详情页设计策略，放大商品价值 …… 087

第五章 熟悉日常运营策略，让店铺生意火起来

优化标题，提升店铺商品曝光量 …… 092

运用优惠策略，促进用户下单 …… 096

站内免费引流，提升商品权重和转化 …… 102

站外多渠道免费推广，获取潜在流量 …… 105

使用测试技巧，及时发现店铺的运营问题 …… 108

第六章 平台各大推广工具，是店铺引流的最佳帮手

多多搜索推广：稳定的曝光度为商品精准引流 …… 112

多多场景推广：私域流量促进商品转化 …… 116

多多进宝：用流量推手实现商品推广 …… 121

进阶玩法：让多多进宝带来爆量增长 …… 126

其他工具推广引流，助力店铺销量增长 …… 129

第七章 多维活动推广引流，提升商品成交转化率

了解活动报名技巧，轻松参加拼多多活动 …… 134

玩转营销活动，轻松实现引流和商品转化 …… 137

打造店铺活动，提升店铺人气，促进回购	142
竞价活动，帮商家抢占资源位的千万级流量	145

第八章 爆品打造：有爆点，才会有爆单

基本选款操作，打通爆品的第一步	150
把握爆点制造的关键要素，轻松入门爆品	153
设置标签，实现爆品升级	156
依据搜索逻辑优化指标，提升商品排名	160

第九章 多多直播，用视频通路推动商品转化

从零开始了解多多直播	166
做足准备工作，提升直播技巧和营销氛围	172
遵循平台规则，关注直播注意事项	176
多策略引流，让更多的人走进直播间	180

第十章 服务与维护跟进，借鱼塘营销实现快速获利

使用沟通技巧，有效回复客户	184
订单的全流程服务，用物流感动用户	188
日常维护：店铺长效盈利的基础	194
数据化运营：提升店铺经营能力的关键	198
四步建立"鱼塘"，用鱼塘营销带动商品转化	202

附录 拼多多商品及信息发布通则   207

第一章

多角度认识社交电商拼多多

在微信社交力量的帮助下,较低的商品价格刺激,让拼多多一度成为现象级网络平台。在拼多多的创立及成长过程中,其遭受的质疑与赞誉不相上下。人们在对拼多多的无缝社交渗透感觉到无所适从之时,又对拼多多所具有的社交思维表现出异常的惊叹。在社交思维的推动下,拼多多在电商市场中的站位越来越靠前。如今,作为电商巨头的拼多多已成为诸多电商企业跟进与模仿的对象,同时,其强劲的影响力也吸引着越来越多的电商从业者入驻拼多多。

从无到有，拼多多的快速成长史

拼多多作为中国电商领域的大玩家，它从成立之初，便以迅雷不及掩耳之势快速占领中国的电商市场，甚至可以说，拼多多的出现使中国电商市场的资源抢占变得更加激烈。拼多多在2015年9月成立，正赶上了中国互联网电商发展的黄金期，于是，借助移动互联网普及的东风，拼多多便专注于移动端电商市场的打造。同时，在社交媒体的助力下，拼多多将电商与社交巧妙地融合，成为中国电商市场上独具特色的社交平台。

拼多多与拼好货的渊源

今天的拼多多，是由早期的拼多多与拼好货合并而来的。拼多多的创始人黄峥，最开始创立的并不是拼多多，而是拼好货。拼好货成立于2015年4月，它作为一个C2B闪购平台，主打水果生鲜产品。拼好货一上线就具备了社交分享的能力，用户通过拼团的模式，邀请朋友、家人、邻居、同事等参与拼团，从而以低价获得自己所需要的产品。拼好货的这种全新的购物体验，带给用户极大的心理满足，使得拼好货迅速吸引了大量用户。

拼好货因为具有拼团优势而迅速得到了用户的喜爱，这也让拼好货平台迅速从电商平台中脱颖而出。对拼好货进行深度观察，可以发现它拥有一条完整的供应链，货源、仓储、物流等都掌握在拼好货的手中。而这种供应链掌控方式，也可以让拼好货严格把控产品的质量，最大限度地压缩产品成本，这就形成了拼好货平台低价的特点，从而用"物美价廉"将很多的用户给吸引过来。

拼好货的这种发展模式特别完美，虽然在发展过程中出现过因订单量猛增导致的发货速度与退换货速度迅速下降、生鲜产品腐损率高等情况，但是平台通过调动仓配运营团队来配合平台的物流体系，使得这些问题得到了及时的解决。于是，日渐完备的拼好货平台，对用户越来越具有吸引力。

拼好货的这种运营模式，刺激了拼多多的诞生。在看到拼好货取得这些显著成效之后，黄峥便在此基础上创立了拼多多，主打拼单，同时囊括了更多种类的产品，突破了拼好货的自营模式，开始吸引商家入驻，与物流公司进行合作。

由于拼好货与拼多多都是以低价拼团的模式，通过分享链接完成订单，这就难以避免二者在某些功能上存在重合，从而造成一些资源的浪费，于是在2016年9月，拼多多与拼好货合并为拼多多。拼好货与拼多多的合并，让平台上的资源得到了最优化的配置，实现了产品品类共享、流量共享等目的。同时，越来越优化的电商玩法，让用户的购买体验得到了更进一步的提升。

"农村包围城市"的发展路线

拼多多的发展路线具有独特的个性，就它的整个发展过程而言，主要走的是"农村包围城市"的发展路径。拼多多之所以要走这种迂回包抄的发展路径，这与它诞生的市场背景有着密切的关系。

目前，我国的消费群体是多种多样的，既有追求质量的高端消费群体，也有追求价格的低端消费群体。在拼多多诞生之际，淘宝、京东等电商正是崛起之时，他们将大中城市以及这些城市中以年轻消费群体为代表的高端消费群体占领，于是，拼多多瞄准被各大电商舍弃的中低端市场，将更多的营销投放到了三四线及以下的城市和农村的中老年消费群体中。也就是说，拼多多将自己的消费群体定位在中低端消费群体中，这些消费群体在消费时更加倾向于选择低价、打折、性价比较高的产品，而拼多多推出的砍价、分享赚红包、熟人拼团、拼单等优惠形式，也正好满足了中低端消费群体的购物需求。

　　拼多多这种精准的圈层发展逻辑，为其赢取了稳定的用户群体。同时，借助社交分享的传播，拼多多在消费市场中的渗透能力越来越强。当拼多多平台的用户群体快速增长时，淘宝等其他电商平台的一些商家被吸引到了拼多多。这些入驻拼多多平台的商家，利用已有的店铺经营资源以及拼多多平台上的多货源对接，极好地推动了拼多多平台的发展。

　　拼多多的飞速发展让拼多多一度成为最热门的话题，低价拼团、与工厂直接合作，再加上社交分享带来的巨大流量，让拼多多在电商领域的影响力越来越大。拼多多巧妙地将诸多商业契机结合在一起，而这些商业契机正好给了拼多多发展与成长的机会。

核心优势：拼多多获利的关键

拼多多在大众之间的知名度主要来自微信朋友圈的低价拼团、转发，大街小巷的广告，以及各大冠名的综艺节目。总之，拼多多之所以能够快速成长，与它铺天盖地的广告宣传是分不开的。于是，拼多多开始走进用户的心里，逐渐被越来越多的用户接纳。拼多多的成功不仅为自己带来了利益，同时也为平台上的各大商家带去了商机和盈利的机遇，所以，拼多多平台有着独特的优势，这些优势是带动平台上上下下快速发展的核心。

拼多多平台的成本优势

成本是商业活动中的一个重要参数，商业活动花费成本的大小，决定着商业活动盈利的多寡。很多人之所以入驻拼多多平台，在很大程度上与该平台具有的成本优势密切相关。所以，拼多多平台的一大优势就是成本优势，该优势具体表现为以下几点。

1. 零注册成本

目前，拼多多平台的店铺是"0元入驻"模式，商家不需要缴纳注册资金就可以开通店铺。拼多多平台的零注册成本可以说是给予了电商卖家"0入驻、0佣金、0扣点、极速装修"的加盟优惠。同时，拼多多平台还支持电商卖家先在平台发布商品，后缴存保证金[①]。这种零门槛的入驻方式，让诸多

---

① 拼多多的保证金是根据商品类目的不同来收取的，如果不能顺利开店，保证金可以退还。

的电商卖家选择入驻拼多多平台。

2. 无货源开店

在拼多多平台上，卖家只需要有电脑，掌握一定的网购技巧，就可以在其他平台上采集要卖的商品，并将这些商品发布在自己的店铺中。如果有买家需要下单，可以直接从商家下单，等买家确认收货后，拼多多平台的卖家就可以从中赚取差价。这种无货源的开店模式，对拼多多商家来说是非常省时、省力和节约成本的。

3. 低成本获客

拼多多背靠着腾讯，作为社交属性的电商平台，它能够通过用户的自主转发、分享让流量快速实现裂变。依靠腾讯平台，"熟人关系"为拼多多平台提供了非常丰富的流量支持，而这也让拼多多平台的商家可以低成本获取诸多的客户。

4. 低成本经营

拼多多平台上没有过于激烈的竞争，而且只要电商卖家善于优化搜索引擎，勤于做推广活动，就能高效地促进用户下单，提升店铺的转化率，实现低成本经营。

拼多多平台的流量优势

流量是指所有的访问量。访问量越高，则获取的流量越多。在互联网时代，流量成为电商企业获取市场的关键。只有存在流量的地方，才会有用户，产品才能有销量。而且，越是拥有流量基础的品牌，越是容易获取市场份额。

所以，流量是互联网时代撬动市场的支点。对于电商平台而言，流量是帮助他们获取市场竞争力、实现盈利的重要因素。在拼多多平台上存在诸多的流量入口，例如微信入口、微信商城入口、微信公众号入口、QQ入口、红包入口、买家拼团入口、卖家分享入口、第三方网站入口、视频入口、线下引流入口、户外广告入口等。正是因为有这些流量入口的存在，让拼多多平台的卖家更加容易获取用户，更加容易实现销售。可见，具有流量优势是拼多多平台的一大特色，也正是因为具有流量优势，所以拼多多平台的竞争力才会更加强劲，入驻拼多多平台的卖家也更容易获利，故而越来越多的卖家开始入驻拼多多平台。

拼多多平台的传播优势

在拼多多平台，商品获得成交机会，除了与平台的高流量有关之外，还与平台上的商品的传播速度紧密相关。拼多多平台是兼具社交属性的电商，这里的每一位用户都可以被看作是一个小的流量中心，他们通过自身这个小中心对产品进行分享传播，于是，一种产品会有多种传播途径，而在这些传播途径中，产品获得转化的概率非常高。这种以用户为流量中心的社交电商模式，是拼多多平台的独特优势，也正是因为有这一优势的存在，拼多多才会有如此高速的成长与发展速度。

具体来说，拼多多平台的传播优势主要体现在以下方面。

1. "社交+分享"的传播模式

拼多多平台没有购物车，所有的订单几乎都是通过拼单形式实现的，而这种拼单又是以"社交+分享"模式体现的，它能快速地促进产品成交。

2. "帮忙砍价"的传播模式

拼多多平台的"帮忙砍价"刺激了很多用户将自己的产品链接分享在微信平台的各个社交群、朋友圈等，这种潜在的"贪便宜"心理会刺激更多帮忙砍价的人增加对产品的消费，从而使得产品在传播途径中实现转化。

3. 公信力媒体的协助传播

拼多多借助电视媒体，通过赞助某些具有公信力的综艺节目，强化了拼多多的大众形象，进而实现品牌的有效传播，让平台产品实现了高效传播。

拼多多平台的精准优势

拼多多在电商市场上取得的成绩，与它精准的用户对接是分不开的。在拼多多平台，可以有针对性地寻找潜在用户，也就是为产品在广大的用户群中寻找到合适的使用对象，从而让产品实现精准营销。这种精准对接营销主要表现在以下两个方面。

1. 错位竞争，对客群阶层进行精准定位

拼多多平台的错位竞争主要表现在：拼多多能够获取被其他电商平台"遗忘"的广大三四线及以下的城市和农村用户。这些位于三四线及以下的城市和农村用户有着非常强烈的购物需求，同时，他们对价格还有着很高的敏感度。基于这样的市场需求，拼多多抓住用户的痛点，打造更加适合广大消费群体的产品，从而让广大用户逐渐向精准用户转变，这就使得拼多多在错位市场上站稳了脚跟。

2. 抓住用户增长逻辑，社群营销实现精准营销

拼多多依据"社交+分享"的营销模式实现了用户增长，在这种用户增长逻辑下，逐渐形成了诸多的用户社群，而产品在社群中又能实现很好的宣传与推广，这使得社群营销成为拼多多的一大特色。所以，精准的用户群让拼多多实现了精准的营销。

拼多多平台的这些优势，给了拼多多更多的可能，有效地促进了拼多多的发展壮大，以及用户的积累和市场的开拓。

四大运营思维，决定拼多多的运营成果

拼多多之所以能在电商市场突飞猛进地发展，成为市场中的重要一员，与运营思维有着密切的关系。就拼多多而言，它独特的运营思维（长线思维、社交思维、爆款思维、共享思维），让拼多多实现了运营模式的创新与突破。这种新颖的电商运营模式，超出了传统电商的限制，能利用互联网时代的优势有效促进平台产品向用户流动，从而提升平台整体的运营活力。

长线思维，实现"人""货""场"的重构

所谓长线思维，是指目标长远。在拼多多平台上，长线思维体现为拼多多的目光长远、精于规划。与其他平台相比，拼多多体现出更高的发展格局，因而获取长期收益的优势更加明显。

拼多多长线思维的本质主要在于对"人"（用户）、"货"（货物）、"场"（卖场）的重构。"人""货""场"是零售行业的三要素，随着时代的发展，它们在零售行业的重要性会有所差异，如图1-1所示。

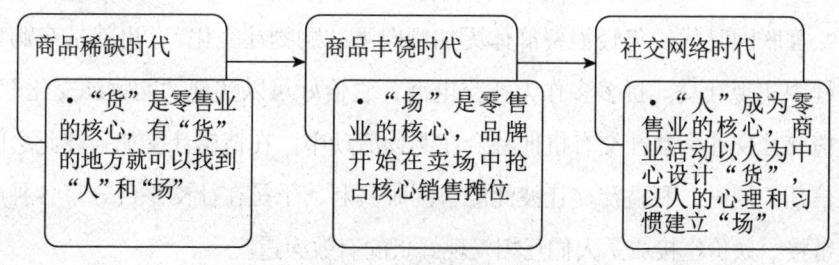

图1-1　零售行业三要素的重要性变化

拼多多在社交网络时代上线，腾讯成为它有力的支持者，于是庞大的流量渗入拼多多平台，使得拼多多拥有了庞大的用户基础。拼多多便围绕"人"来设计商品、服务、商业模式，于是成了更加具有独创性的社交电商。

在这种以"人"为中心的社交电商中，"货"实现了物美价廉，并且借助拼多多平台的各种优惠购物玩法（砍价、拼单等），使得用户更自主地分享商品，让"商品库""搜索排名"这样的中心化模式实现了去中心化，也就是让"场"实现了去中心化。

社交思维，让产品在关系网络中渗透

移动互联网的普及，让人们之间的社交变得更加便捷和高效，于是，人与人之间的社交网络开始变得庞大。社交网络的出现为商业提供了一个新的入口，我们发现只要沿着一条社交网络线前进，商业就可以在这条线上不断地渗透，并且牵涉其他的社交网络线，这就使得社交与商业紧密地结合起来。

拼多多的社交思维的核心在于它能够一上线便与腾讯合作，借助微信平台快速将电商渗透到人们的社交当中。于是，在社交关系资源的帮助下，通过分享、转发的方式，让品牌与产品的宣传推广渗透到了人脉当中，使得引流、增流、变现变得更加容易。此时，用户本着人人获利的心理和购物需求，自觉参与商品的"拼单"或"拼团"的营销模式，让"货"开始找"人"，使得商品的转化进程不断加快，于是，拼多多平台的优势不断显现。

互联网时代的年轻消费群体更加倾向于"购物社交化"，也就是在购物过程中实现社交。拼多多作为社交电商，它恰好可以实现"购物社交化"，让情感社交和利益社交有机地融合在购物活动中。在情感社交加强彼此之间的信任的同时，利益社交让彼此能够同时获利，于是在社交平台分享各种产品链接、砍价链接成了人们互相发现好货的有效渠道。

爆款思维，用爆点创造营销奇迹

在当下的市场中，产品已经非常丰富，产品同质化的现象也更加明显，而在市场中能占据优势地位、获得良性发展的，一般都是爆品。所谓爆品，就是那些自身具有优势，同时还具有特点的产品。这样的产品之所以能够在市场中脱颖而出，关键在于它们能最大限度地满足人们的需求。

拼多多能在市场中站稳脚跟，与它自身注重爆品打造具有重要的联系。为了充分利用爆款思维打造爆款产品，拼多多通过付费推广工具、推广活动等来加速产品爆卖，打造出平台自己的爆款产品。

拼多多在利用爆款思维打造爆品的同时，还注重对产品爆点的打造。也就是说，它能抓住用户的真实需求，能从激发用户购买意愿的角度进行爆点打造。

为了能够给产品打造出爆点，拼多多从两方面着手进行，见表1-1。

表1-1 产品爆点打造的出发点

爆点打造的出发点	具体内容
设计品牌记忆点	为品牌设计一个能够被大众快速记住的信息点："低价""拼得多""省得多"
策划用户参与节点	策划用户能够参与品牌传播的节点："拼团""砍价"

通过对平台自身爆点的打造，拼多多让自己拥有了更加容易被用户记住的点，正是因为这些点的存在，让拼多多能够在流量和销量方面实现突破，从而使平台以更快的速度发展。

共享思维，实现分享获利

在共享思维下，每个人都会因为共享而获得相应的利益，进而让共享体验变得更好，能营造出一种"你好，我好，大家好"的氛围。而拼多多正是出于这样的共享思维，推出"低价拼单"的购物方式，来刺激消费者通过相互拼单低价购买实惠商品，从而让每个人都能获得利益。

拼多多对共享思维的采用，是对以"人"为核心的商品模式的一种实践：一切商业活动都围绕给"人"带来最大的满足感而设计，从而利用每一个"人"的满足感推动商业活动加速进行。在这种以"人"为本的电商营销活动中，"人"是主导，拼多多出于对"人"需求的满足，通过构建分享途径和获利机制，给了"人"最大的主动性，使人们的分享意愿增强，从而实现共享思维的价值，让"好东西一起分享"实现落地。

独特的用户增长逻辑,激活拼多多的蓝海市场

拼多多之所以能在电商市场快速发展,高效获取用户,与它独特的用户增长逻辑密切相关。拼多多的用户增长逻辑主要表现在以下方面。

分析用户画像,实现精准的用户定位

从拼多多的发展策略可以看出,它主打的是其他电商忽略的部分市场,在这部分市场中对用户进行画像分析。如果我们仔细观察便会发现,用户的画像特征主要包括以下两个方面。

首先,这部分用户以中低阶层消费群体为主,且大多是30~49岁的女性用户,这些用户在购物时对价格非常敏感,更加追求优惠和低价;其次,从用户的地域分布来看,拼多多的大部分用户集中在三四线及以下的城市和乡村,同时人口密度较大的发达城市也占有一定的比例。

利用以上这些用户画像特征对拼多多的用户进行定位,从而得出使用拼多多的主要人群有以下几类,见表1-2。

表1-2 拼多多的主要使用人群

人群类别	主要表现
家庭主妇	这些将生活重点放在家庭的女性,更加喜欢低价、优惠力度大的商品
退休老人	看重商品的价格,足够便宜的商品更能够打动他们

(续表)

人群类别	主要表现
新入职场的上班族	收入限制让他们更倾向于购买价格较低的商品
学生群体	对各种低价但外形与高价商品相差无几的商品特别钟情，喜欢在学生群体之间进行联合拼单
喜欢砍价的群体	期望可以用最低的价格购买商品，而砍价正好可以满足他们的期望

在了解拼多多平台用户画像的基础上，再对这些用户的需求进行精准定位，这就是拼多多的策略。用户需求定位对营销策略的制定非常有帮助。根据用户需求层次的深浅程度，可以将拼多多平台用户的需求划分为三个层面，分别是：基本型需求、期望型需求和兴奋型需求。如图1-2所示。

基本型需求 · 平台上的商品可以满足用户的基本购物需求，并且良好的支付渠道能让用户非常方便地购物

期望型需求 · 拼多多平台拥有良好的物流及售后服务，能解决用户购物的后顾之忧

兴奋型需求 · 用户对能够获得收益的优惠活动非常青睐，他们愿意花费更多的精力来关注这些优惠活动

图1-2 用户需求的三个层次

所以，拼多多平台就是以精准定位用户为基础，通过各种途径满足用户的需求，从而让用户稳定地增长。

微信社交关系引流，快速获取用户

拼多多在上线之初，就将自己的用户获取方向转移到了微信社交渠道

中。于是，微信广泛的普及度成为拼多多获得用户的主要渠道。同时，微信上巨大的流量逐渐向拼多多倾斜，使得拼多多有效地在社交渠道中实现流量变现。

拼多多之所以能一直借助微信引流，将微信用户转化成拼多多用户，这主要是因为拼多多一直在延续着自己的优惠活动。它通过源源不断的让利活动（砍价免费拿、限时秒杀等），让用户一直处在优惠的体验过程当中，这使得对价格敏感的用户对拼多多保持着较高的黏性，他们通过不断地享受平台的优惠活动而成为平台的忠实粉丝。

为了能在市场中获得稳定的用户，拼多多并没有将获得用户的全部力量放在微信上，还冠名各种受欢迎的综艺节目来增加知名度，与手机厂商合作，直接将拼多多App作为预装软件。这些市场开拓途径，都有效地促进了拼多多用户的增长。

购物场景中的注册、登录引导激活用户

拼多多之所以能够有效激活用户，与拼多多平台上的购物场景对用户的引导注册密切相关。用户进入拼多多App后，各种优惠活动、低价商品推送列表等能很好地激发用户的好奇心理，他们会有更加强烈的意愿来体验这些购物活动场景，进而产生消费冲动，于是便自觉地注册、登录拼多多App。

在拼多多App中，首要的登录方式是微信登录，这种便捷的第三方登录方式能省去很多烦琐的注册细节。用户直接用微信就可以登录拼多多App，当然，也可以用QQ号或手机号登录拼多多App，但是这些登录途径都不会强制要求用户绑定手机号，这就给很多新用户比较好的使用体验。因为随着人们对个人信息安全意识的增强，绑定手机号在很多情况下都是用户比较反感的一个环节。并且，新用户一旦注册、登录到拼多多App中，就能享受到很多开屏福利，这些都能很好地激发用户的消费活力。

多重优惠策略增强用户留存

在任何商业活动中，留住用户一直是商家所期望的，并且让留住的用户能一直保持活跃度，更是所有商家在用户管理方面的期待。对于用户留存问题，很多商家都不能妥善解决，但是拼多多却可以做到，它在用户留存方面给出了一个非常好的参考样板，这个样板会让转化率达到一个更高的水平。那么，拼多多是如何在用户留存方面实现突破的呢？

拼多多用户留存实现的关键与拼多多平台在以下四个方面的突破密切相关，如图1-3所示。

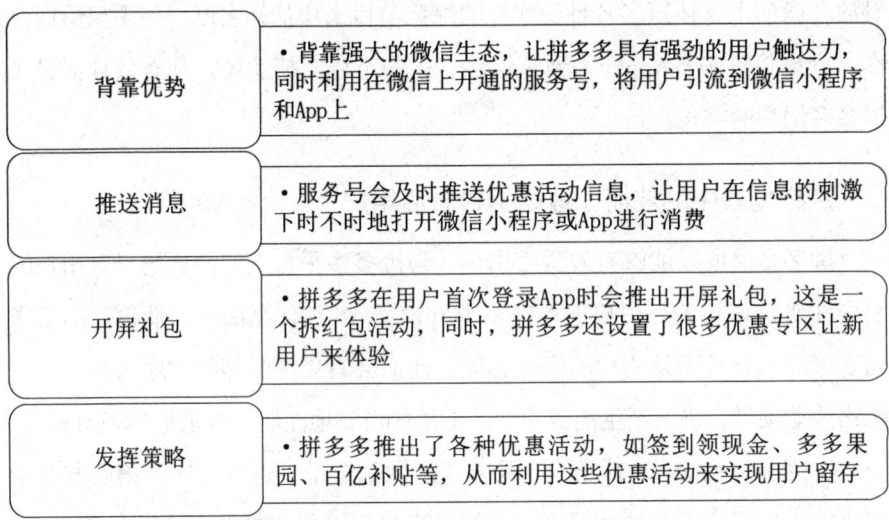

图1-3　拼多多用户留存实现的关键

拼多多作为社交电商平台，它能很好地抓住用户的各项需求，通过简化购物流程、持续推出优惠活动等不断地对用户进行刺激，让用户能够一直处在享受福利当中，从而对平台保持较高的黏性，借此实现平台用户快速增长，使得平台的规模日益扩大。

第二章

做好准备工作，
为顺利开店打好基础

在消费升级及消费需求的变动下，为了适应用户的需求，拼多多平台的店铺运营越来越需要更加专业的运营人才与技能人才来推动。目前，拼多多平台仍然处于可观的红利期，所以，具备一定经营能力的商家入驻拼多多平台仍然会有非常明显的优势。当然，要在拼多多平台上持续发展，入驻平台的每一位商家都需要做足充分的准备工作，了解拼多多平台入驻的基本条件，掌握一定的平台运营策略，利用合适的人才在拼多多平台上找到适宜的发展空间，才可以顺利实现盈利。

根据店铺类型，备全开店资料

拼多多平台作为电商领域的后起之秀，它具有的免费入驻、微信引流等优势，成为吸引诸多商家入驻拼多多平台的主要原因。对于想要在拼多多平台开通店铺的卖家而言，在开通店铺之前，先了解一些拼多多平台的店铺开通资料是非常有必要的，这样我们就能为后续的开店做好准备。

拼多多平台的店铺类型

在拼多多平台上，店铺主要分为个人店和企业店。个人店适合个人和个体工商户入驻，企业店适合公司或企业入驻。商家如果需要了解店铺开通过程中的相关问题，可以在拼多多官网上的"商家入驻"页面的"常见问题"栏目中进行了解，如图2-1所示。

图2-1 拼多多常见开店问题了解途径

（1）就个人店而言，在开通店铺之前，电商卖家需要准备自己的身份证及个体户营业执照，进行实人认证即可。

（2）就企业店而言，可以分为旗舰店、专卖店、专营店、普通店，这几类企业店铺在开通时会用到企业三证（工商营业执照、组织机构代码证和税务登记证），以及其他一些资质类证件，见表2-1。

表2-1 企业店所需要的资质类证件

店铺分类	店铺说明	企业三证	质检报告	商标注册证	授权书	开户证明
旗舰店	经营一个或多个自有品牌商品的旗舰店	是	是	是	否	是
	经营一个授权销售品牌的旗舰店，且授权为一级授权	是	是	是	是	是
	卖场型品牌（服务类商标）所有者开设的品牌旗舰店（限拼多多商城主动邀请入驻）	是	是	是	是	是
专卖店	经营一个自有品牌的专卖店	是	是	是	否	是
	经营一个授权销售品牌商品的专卖店（授权不超过二级）	是	是	是	是	是
专营店	经营拼多多商城同一招商大类下一个及以上品牌商品的店铺 专营店分为这几种类型： 1. 经营一个及以上他人品牌商品的专营店 2. 既经营他人品牌的商品，又经营自有品牌商品的专营店 3. 经营一个及以上自有品牌商品的专营店	是	是	是	是	是
普通店	普通企业店铺	是	否	否	否	是

目前，同一张身份证可以开2家个人店（含个体工商户店）。对于企业普通店，同一组企业三证可以开普通商品、虚拟商品、医药健康店铺各5家；对于企业专卖店、专营店、旗舰店，同一组企业三证可以开每个主营类目店铺各5家。用同一组企业三证开专卖、专营、旗舰店铺，其开设上限根据品牌授

权的情况进行动态评估。此外，因经营品类的不同，拼多多平台会要求卖家取得与品类相关的行业资质。比如，要开通卖书的店铺时，卖家就需要提交营业执照和出版物经营许可证进行备案。

拼多多个人店与企业店的区别

拼多多平台上的个人店和企业店分别适合不同的卖家。那么，作为卖家该如何选择自己要开通的店铺呢？这需要从这两类店铺的入驻资质区别说起。

1. 个人店的入驻资质

个人店的开店主体主要是个人和个体工商户，它的入驻资质见表2-2。

表2-2　个人店的入驻资质

开店主体	需要上传的资质证明	要求
个人	身份证原件正反面照片	必须为大陆身份证；身份证照片必须上传原件；距离有效截止日期应大于3个月；照片清晰，图片不要倒置
个体工商户	身份证原件正反面照片，个体工商户营业执照	身份证相关要求与开个人店相同。个体工商户营业执照相关要求：复印件或扫描件需要加盖公司印章；距离有效截止日期应大于3个月；证件清晰，图片不要倒置

商家入驻个人店，在平台审核通过之后，还可能会被要求提供相关营业执照文件，这就需要商家入驻拼多多平台之后，对平台的"站内信"及时关注，随时根据站内信的要求提交相应的资质证件。

2. 企业店的入驻资质

企业店在开通时，需要提供企业法人和店铺管理人的身份证，两者可以为同一个人。企业法人身份证照片除大陆身份证之外，港澳台以及海外身份证件也可以注册。企业店入驻需要提供的资质证明及要求见表2-3。

表2-3 企业店的入驻资质证明文件及要求

证件名称	要　求
营业执照	1. 确保申请入驻的企业不在《异常经营名录》中，且所销售的商品在其经营范围内
	2. 复印件或扫描件需要加盖公司鲜章
	3. 距离截止时间要大于3个月
	4. 证件要清晰，图片不要倒置
税务登记证	1. 国税、地税均可
	2. 复印件或扫描件需要加盖公司鲜章
	3. 距离截止时间要大于3个月
	4. 证件要清晰，图片不要倒置
组织机构代码证	1. 复印件或扫描件需要加盖公司鲜章
	2. 距离截止时间要大于3个月
	3. 证件要清晰，图片不要倒置
银行开户许可证	1. 复印件或扫描件需要加盖公司鲜章
	2. 距离截止时间要大于3个月
	3. 证件要清晰，图片不要倒置
企业法定代表人身份证	1. 复印件或扫描件需要加盖公司鲜章
	2. 距离截止时间要大于3个月
	3. 证件要清晰，图片不要倒置
商标注册证或商标受理通知书	1. 复印件或扫描件需要加盖公司鲜章
	2. 距离截止时间要大于3个月
	3. 证件要清晰，图片不要倒置
商标注册证、商标受理通知书上的注册人是否为入驻主体 是	不需要提供授权书
商标注册证、商标受理通知书上的注册人是否为入驻主体 否	1. 旗舰店需要一级授权
	2. 专卖店授权级别需在二级以内
	3. 专营店授权级别需在三级以内
质检报告或3C认证证书	1. 每个品牌需提供一份由权威机构出具的1年内的质检报告或有效期内的3C认证证书
	2. 质检报告的内容包含品牌名、产品名称、生产单位及必检的项目
	3. 经营属于强制性认证的商品，必须提供3C认证证书

做好产品定位，找准货源

对于要入驻拼多多平台的电商卖家而言，明确店铺的产品定位以及选好货源是一个必要的工作。拼多多平台店铺产品的定位主要是依据拼多多平台的用户群体而言的。拼多多平台的用户群体本身就有比较鲜明的特征，明确了这一前提之后，我们就可以对店铺产品进行定位，再根据店铺的产品定位找到稳定的货源，从而保证店铺可以为用户提供稳定的产品。

拼多多卖家的产品定位

拼多多主打的是"拼着买，才便宜"，它的用户群体以低端消费群体为主。通过产品分级来研究拼多多平台的销售额，最终发现拼多多平台上销路最好的产品是日用品。

所以，在拼多多平台上布局产品，要尽可能地以用户的日常生活需求为主，从而有效定位店铺产品。对于电商卖家而言，初步的产品定位就是：确定店铺将对哪些消费群体出售什么样的产品。也就是说，只有确定店铺消费人群、消费市场，才能定位店铺产品。

1. 消费人群定位

（1）价格定位：对目标用户的需求进行了解，确定正确合理的价格范围，设计符合用户消费能力的商业模式，以提高用户的下单量。

（2）人群定位：店铺服务的人群不同，所需产品的款式、样式、花样、功能等也不相同，商家需要清晰描述自己的人群定位。

（3）款式定位：在不同的消费场景下，用户所选择的款式是有所不同的，商家可以定位细分类目来满足用户的个性化需求。

2. 消费市场定位

通过地域、性别、年龄等标准来确定目标用户群，从而确定目标市场。

3. 店铺产品定位

在有了消费人群定位和基本的市场定位之后，产品定位就会更加明确。当我们定好针对特定消费市场及人群的产品之后，就需要对产品的款式做更进一步的细分，以满足不同消费群体对产品的个性化需求和店铺经营活动的有效开展。在基本的产品选款方面，我们一般从以下几点出发，如图2-2所示。

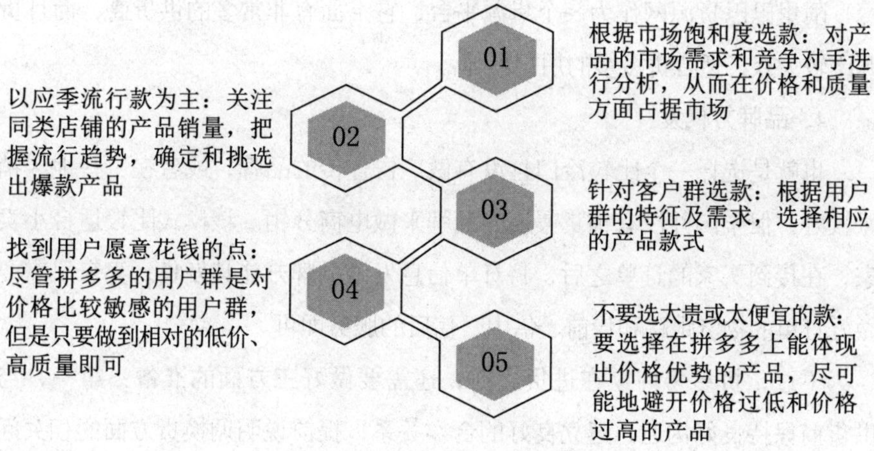

01 根据市场饱和度选款：对产品的市场需求和竞争对手进行分析，从而在价格和质量方面占据市场

02 以应季流行款为主：关注同类店铺的产品销量，把握流行趋势，确定和挑选出爆款产品

03 针对客户群选款：根据用户群的特征及需求，选择相应的产品款式

04 找到用户愿意花钱的点：尽管拼多多的用户群是对价格比较敏感的用户群，但是只要做到相对的低价、高质量即可

05 不要选太贵或太便宜的款：要选择在拼多多上能体现出价格优势的产品，尽可能地避开价格过低和价格过高的产品

图2-2　拼多多店铺产品选款的出发点

电商卖家的货源选择

在确定好店铺产品的款类之后，拼多多卖家就需要选择可靠的货源来保证后续的店铺经营。从产品的货源源头取货，价格会更加优惠，同时还能省去卖家的备货和库存工作。拼多多卖家的货源选择要根据自己的产品定位

来确定。至于货源从何而来，其实线下和线上都是可以选择的通道。一般来说，拼多多商家主要可以从以下四条途径获取店铺货源。

1. 自己生产

这是对于自身有工厂的电商卖家而言的。比如，一些企业店铺直接将自己工厂生产的产品通过电商渠道就可以销售出去。对于这些有工厂的店铺而言，只要做好成本管理，就能在价格方面取得一定的优势，源源不断地进行供货。

2. 厂家进货

店铺卖家可以直接和厂家合作来向用户发货。这种与厂家合作的进货方式能较好地控制产品的质量，而且断货的可能性也比较小。

3. 阿里巴巴货源网

阿里巴巴货源网作为一个货源平台，它上面有非常多的供货商，而且货源比较大众，适合拼多多的用户群体。

4. 品牌方代发

也就是选择一个比较冷门且没有做广告宣传的品牌，或者在一些地区销量较好，但全国并没有铺货渠道的品牌来做电商分销。该模式比较适合小卖家，在接到买家的订单之后，将订单信息发给品牌方让其发货，卖家只需要做好订单的物流跟踪和售前、售中、售后的服务即可。

不过，拼多多商家在进货之前，还需要做好三方面的准备：第一，与供货商保持良好沟通，建立良好的合作关系，提前说明调换货方面的相关问题，时时关注市场动态；第二，店铺的不同产品可以有不同的供货商；第三，对拼多多平台的商品风格要有一定的了解，不可盲目地进货，要有计划地进行店铺运营，对日后的运营、销售、盈利问题要有一个前期的把控。

一旦产品的货源问题解决好了，商家入驻拼多多平台之后，就能为后续的店铺经营环节节省很多精力。

了解拼多多定价策略，为产品合理定价

拼多多卖家确定了店铺的商品之后，还需要对商品的定价机制及策略有一定的了解，因为合理的商品定价是实现产品销量以及店铺盈利的关键。尽管拼多多平台的产品主打低价，但并不是一味地低价就可以实现收益，所以掌握拼多多平台的定价策略，为产品定一个合理的价格，更有利于拼多多店铺的运营。

商品定价的一般规则

一般来讲，为了让商品获得市场的认可，实现销量提升，定价也是很关键的一步。就商品定价规则而言，它一般有以下三种方式。

（1）九宫格定价。九宫格定价是以商品的品质和价格作为横、纵坐标，然后对品质及价格进行高、中、低层次划分，最终形成九宫格，如图2-3所示。在九宫格定价策略中，"高品质—低价格""中品质—低价格""高品质—中价格"是最常用的三种定价策略。

（2）竞品价格定价。在新品上市之前，要想给商品确定一个有竞争力的价格，商家就需要对市场上的同类商品价格进行摸底，通过列表比较来确定自己商品的合理价格。

（3）用户定价。以买方市场用户的接受程度作为商品定价的基础，综合考虑用户可接受的价格上下限，并通过调研来了解用户认为合适的价格区间，从而确定商品的价格。

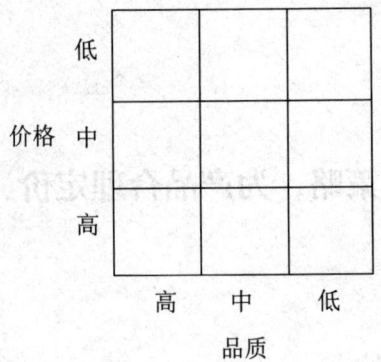

图2-3 九宫格定价

在使用这些规则给商品定价时,还需要从商品的性价比出发来对商品的价格进行调整。所以,在了解这些定价规则的基础上,我们在给拼多多平台上的商品定价时,还需要遵从一定的商品定价原则,如图2-4所示。

保证利润空间值	·给产品定价时,要对产品的各项成本(物流成本等)进行考虑,或者以同类产品的利润空间作为参考,分析出买家可以接受的价格范围,从而确定产品的价格
预留降价空间	·给产品定价时,产品销售前期的价格可以相对高一些,此时产品的展现量较少,因此价格对流量的影响不大,同时后期进行活动时,产品降价的空间会更大,更容易带动转化

图2-4 拼多多商品的定价原则

拼多多平台商品的定价策略

在给拼多多平台的产品定价时,不要一味地追求低价,只要整体上能够按照一般的定价要求,即"市场价>单买价>拼团价"来给产品定价,那么产品的价格基本是可行的。然而,还有一些定价技巧同样可以带动不同情形下的产品转化。

1. 组合定价，做好产品规划

组合定价就是在店铺中引入三种不同款式的产品进行定价，分别是引流款、利润款、形象款。引流款在店铺中的占比一般是20%左右，它的主要作用是为店铺引流，带动其他商品转化；利润款在店铺中的占比一般是70%左右，它的主要作用是给店铺带来利润；形象款在店铺中的占比是10%左右，它的主要作用是提升店铺整体的气质。

店铺在使用这种组合定价做产品规划时，要对每一款产品做好设定，让每一款产品发挥出自身的优势，使店铺整体的转化率能够实现提升。特别是对于利润款，它作为店铺利润的主要来源，对该款产品进行设定时，要更加注重对使用人群的考虑和定位。只有对使用人群的需求进行分析，才能更好地突出产品卖点，实现产品转化。

2. 因时制宜，确定不同商品的价格

拼多多卖家要明确的是，在拼多多店铺的不同发展阶段，产品价格会有所变化，所以在给不同的产品定价时，要考虑得比较长远。比如，对于常规的商品，可以参考其他店铺的同款爆款产品进行定价，在保证利润的基础上，让店铺商品的价格稍微比爆款的价格低一些，能更好地吸引买家下单。

3. 根据活动计划确定活动商品的定价区间

店铺在运营的过程中会时不时地推出一些活动，活动商品主要是为了冲销量、抢排名，这时卖家可以根据活动的位置与频道、活动的期望、活动要实现的销量等来确定活动商品的价格区间。

拼多多平台上聚集着诸多的电商卖家，这些卖家之间存在激烈的竞争，依据价格抢用户是很多商家的运营策略。所以作为新入驻拼多多平台的卖家，要了解该平台的价格策略，合理地确定商品的价格。

开店必备——人才与资金布局

人才与资金在商业活动中占据着核心的位置。对任何电商卖家而言，人才和资金都是店铺启动的关键，特别是人才，在电商竞争中可以说是核心竞争力。拥有优质人才团队的拼多多店铺，能为店铺打造更多的竞争优势，赋予店铺更多独有的特点，这样店铺更能在竞争中取得突破。

拼多多店铺中的人才布局

拼多多商家在做开店准备时，组建一支优秀的人才队伍是很有必要的。只有选择正确的人，才可以做正确的事。一般来讲，在店铺人才队伍中，策划人员、美工设计师、运营推广人员、客服人员、库房打包人员是不可少的。不过，一家店铺到底要配备哪些人才，还需要根据店铺的规模来确定。

1. 个人店铺的人才配备

个人店铺的规模一般都比较小，店铺平均每天的订单量不会特别高。因此，在店铺人才的配备上可以这样选择：策划人员1名；美工设计师1名；运营推广人员1名；售前客服2名；售后客服1名；仓库打包人员，根据店铺有无货源确定。

2. 企业店铺人才配备

企业店铺的规模一般是比较大的，店铺一般会表现出流量大、订单多、转化量高、发货量大的特点。所以，企业店铺需要配备的人才会更多一些，如策划人员、美工设计师、运营推广人员、站外推广专员、仓库打包人员、发货专员等，可能需要配备数名才可以让店铺的各项工作正常运转。同时，还需要根据店铺实际的经营情况对这些人员数量进行调整。

对于店铺配备的这些人才而言，我们还需要他们达到一定的技能要求，以适应所在岗位的要求。关于店铺配备的各类人才所需要的技能要求，详细内容见表2-4。

表2-4 拼多多店铺人才的类型及技能要求

人才类型	要求
策划人员	1. 掌控店铺的全局，把握店铺的发展方向、定位、营销策划以及供应链的管理、运营资金的保障 2. 有主见，有创新。数据分析能力强，可以有效掌握市场方向
美工设计师	1. 能充分发挥自己的美工才华，展现最好的设计才能 2. 善于同策划人员进行深入沟通，能在店铺视觉设计方面打造出专属风格
运营推广人员	1. 能够把握拼多多平台的调性，让店铺的运营模式与拼多多平台保持一致 2. 具有分析平台数据、用户数据、竞争对手数据、收藏数据、评论数据的能力，能将收藏数据、评论数据有效运用到店铺经营中 3. 具备洞察用户需求、准确迎合用户需求的能力
客服	1. 具有做好售前、售中、售后客户服务工作的意识 2. 能把握时效，及时与用户沟通 3. 具备安抚用户情绪的方法与技巧 4. 掌握一定的客服话术 5. 能切实地了解、整理用户问题，并有效地解决客户问题，完成相关问题的整理、记录和归档
仓库打包人员	能吃苦耐劳，可以按照发货单严格核实货品信息，保证货品包装结实、美观

事实上，人才配备是针对整体店铺而言的，有些店铺的规模可能很小，只需要很少一部分人就可以解决店铺的运营问题，那就不需要按照以上要求

进行全方位的人才布局。因此，在店铺人才布局方面，卖家可以根据自己的实际经营情况、策划能力等来进行即可。

拼多多店铺中的资金布局

资金是店铺运营的命脉。一家拼多多店铺的开通与运营，都需要资金做支撑，无论是新店开通时需要的硬件设备（台式机、网络费用、办公区域租金等），还是销售商品时需要缴纳的保证金，甚至店铺后续运营过程中的产品推广、促销活动等，以及店铺人员的定期培训，都需要花费一定的资金才可以实现。所以，开通拼多多店铺，需要准备充足的资金，并能对这些资金做好规划布局，合理分配到相应的店铺运营环节，才能保证店铺的高效运转和长效盈利。拼多多商家可以根据以下四个方面的内容来做店铺的资金安排。

（1）新店开张所需的费用。根据当地的物价确定硬件设备的资金需求量；根据商家的产品类型确定保证金金额（1万元、2000元、1000元不等）；店铺销售产品是否为代销产品，代销产品的收费高低。

（2）不同的商品推广模式收费。CPA模式——卖家根据买家对广告位中的产品的咨询次数与购买次数付费的模式；CPS模式——卖家根据广告位中的产品的成交数量付费的模式；CPC模式——卖家根据用户对广告位中的产品的点击次数付费的模式。

（3）促销活动收费。在拼多多平台上进行商品的竞价活动是需要收取一定费用的。

（4）人员培训费用。店铺如果对人员进行定期的培训，就需要支付一定的培训费。

商家在拼多多平台开店的过程中，诸多环节都需要资金的支持，才可以顺利实现店铺运营。因此，店铺卖家要合理地安排资金，把钱花在刀刃上，才可以实现最大的效益。

第三章

熟悉开店流程，掌握后台精细化操作

在了解拼多多平台上的一些基本机制后，就可以按照一定的开店流程在该平台上开店。拼多多店铺开通之后，商家就要对店铺进行深入的了解，对平台的各项操作尽可能地熟悉起来。商家可以从拼多多店铺管理后台和拼多多App两方面着手，充分了解拼多多店铺管理后台及相关的平台使用规则，以及拼多多App的模块划分和具体内容。熟悉和掌握拼多多商家管理后台和拼多多App，会让后续的店铺运营过程更加顺畅，更有利于相关电商推广计划与营销活动的开展。

熟悉注册开店流程，了解商品上架操作

在拼多多平台上开店的操作比较简单，商家只需要按照自己要开的店铺类型备全相应的资料，然后根据平台的开店操作提示完成相应的操作即可。拼多多店铺注册开通之后，商家就可以在店铺中发布商品，也就是进行商品上架操作。

拼多多平台的注册开店流程

拼多多平台的店铺注册开通过程比较简单，在PC端和移动端都可以进行，这里会以PC端的个人店的开店流程为例来讲解拼多多店铺开通的相关操作。

首先，进入"拼多多新电商开创者"官网首页，选择"商家入驻"，如图3-1所示。

此时，我们可以点击"0元入驻"框下面的"入驻手册"，对具体的店铺入驻流程进行详细了解。了解完店铺的入驻流程之后，我们就可以进行具体的店铺入驻操作。

（1）在"境内商家入驻"项目下填写手机号码，获取验证码，点击"0元入驻"。

（2）进入"拼多多商家平台"，选择要开通的店铺类型，这里我们选择"普通入驻"下的"个人店"，然后单击"下一步"，如图3-2所示。

第三章 熟悉开店流程，掌握后台精细化操作

图3-1 拼多多商家入驻页面

图3-2 拼多多商家平台的店铺类型页面

（3）进入拼多多商家平台的店铺入驻信息填写页面，如图3-3所示。按照系统提示完成"店铺信息""开店人基本信息""第三方店铺链接"的信息填写及证件上传、实人认证。在填写"店铺名称"和"主营类目"的过程中存在问题时，还可以根据相应的提示来为店铺取一个适当的名字，选择合适的主营产品类目。最后选择"我已经阅读并同意《拼多多平台合作协议》"，点击"提交"即可。

拼多多开店运营推广一本通

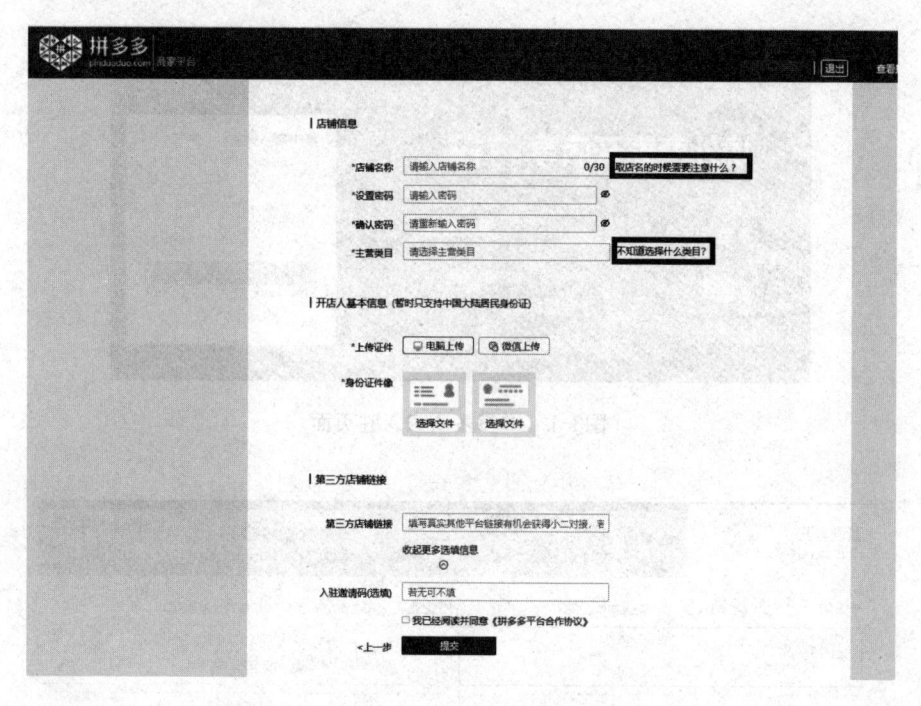

图3-3 拼多多商家平台店铺入驻信息填写页面

（4）在"您已实名认证成功"页面，确认店铺相关信息，点击"提交"即可成功开通店铺，如图3-4所示。

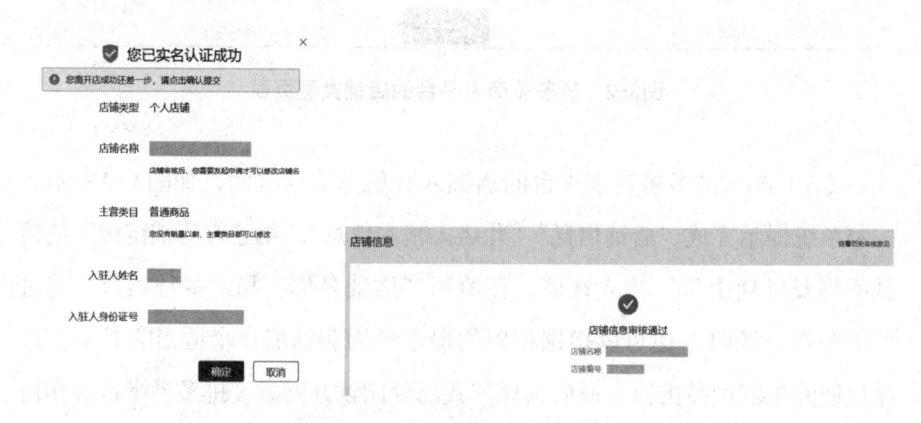

图3-4 拼多多店铺开通完成

此时商家可以"一键登录",进入拼多多管理后台,根据后台提示,用微信绑定店铺,如图3-5所示。

图3-5 拼多多店铺绑定微信提示

拼多多平台的商品上架操作

商家成功入驻拼多多店铺之后,就可以在自己的店铺中发布新商品。商品发布可以在PC端的商家后台中完成,也可以在商家版App中完成,同时,"拼多多商户服务"微信公众号同样可以作为商品发布的渠道。这里,我们以PC端的商家管理后台为例,来介绍拼多多店铺的商品上架操作。

(1)打开商家管理后台,在左侧导航栏的"商品管理"中选择"发布新商品",即可进入"发布新商品"页面,如图3-6所示。商家可以在搜索框内输入关键词快速搜索商品分类,也可以在商品分级类目下手动设置合适的分类。设置完成之后,单击"确认发布该类商品"。

(2)进入"新建商品"页面,设置商品的基本信息:商品标题、商品属性、商品轮播图等内容,如图3-7所示。如果商家在发布商品的过程中遇到问题,可以通过页面左侧的"发布助手"获取相关问题的解决策略。

拼多多开店运营推广一本通

图3-6 拼多多平台商品发布页面

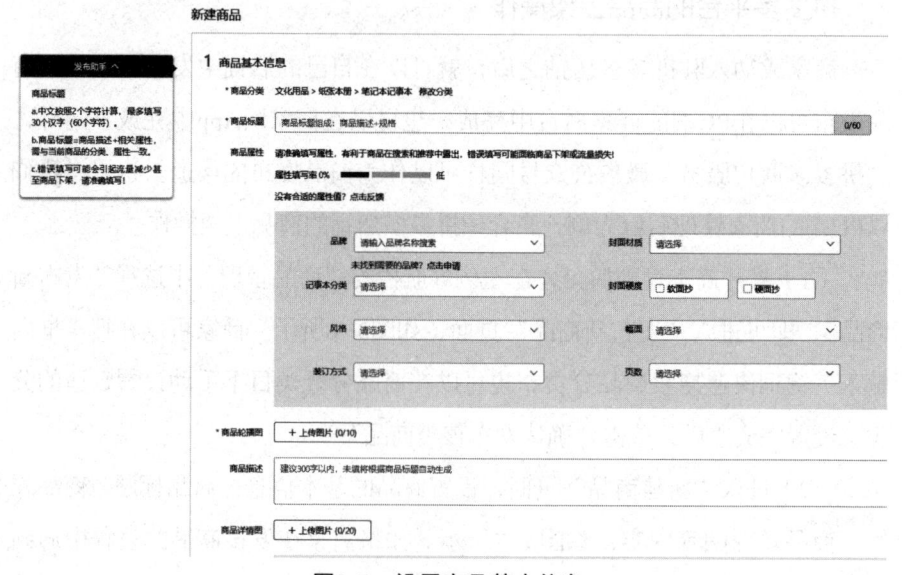

图3-7 设置商品基本信息

（3）设置商品规格与库存：添加商品规格、价格、库存、商品市场价，如图3-8所示。

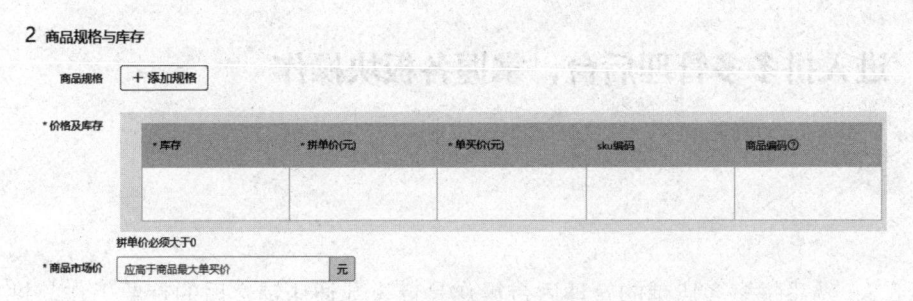

图3-8 设置商品规格与库存

（4）设置服务与承诺：商品类型、是否二手、是否预售、发货时间承诺、运费模板、拼单要求、承诺，如图3-9所示。这些项目设置完成之后，点击"提交并上架"就可以完成商品发布操作。

图3-9 设置服务与承诺

进入拼多多管理后台，掌握各板块操作

熟悉拼多多店铺的管理后台操作是商家开通店铺之后的首要工作。拼多多管理后台具有强大的功能，它是店铺运营的基础。在这里，商家可以利用拼多多管理后台中各个板块的功能，对店铺的发货、售后、商品、营销活动、账户资金、客服、产品推广等进行有效的管理。

在拼多多管理后台，它的首页页面可以分为标题栏、导航栏和主窗口三个区域，如图3-10所示。

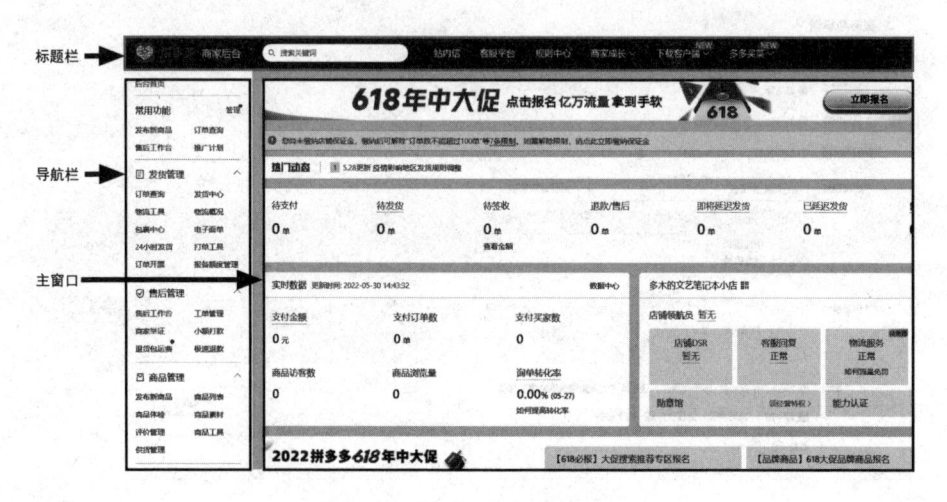

图3-10 拼多多管理后台首页

认识标题栏功能

在拼多多管理后台的标题栏中，可以依次看到以下几方面的内容。

（1）站内信。用来接收平台的各种通知，这些通知主要有店铺动态、平台动态、规则更新、违规通知、营销活动以及重要通知。站内信是平台与商家之间非常重要的沟通渠道，其中包含诸多学习干货和玩法教程。商家及时地了解这些学习内容，会对店铺运营起到很好的作用。

（2）客服平台。主要是客服设置与管理的模块。

（3）联系拼多多。在这里，将鼠标的光标移至该按钮上方，就可以显示拼多多商家服务号的二维码和热线资讯，同时还具有意见反馈和举报中心功能，商家可以在这里联系平台客服咨询各种运营问题。

（4）规则中心。这里是拼多多平台从开店到运营的各类规则的集聚中心，规则涉及商品管理、客服、发货、售后、退店等。商家要对平台的规则仔细阅读和了解，才能避免在经营过程中出现违规行为。

（5）商家成长。这里主要是帮助商家学习提升、答疑解惑的地方，主要包括三方面的内容，分别是"帮助中心""多多大学""商家社区"，如图3-11所示。

（6）下载客户端。供商家下载App手机客户端和PC客户端。

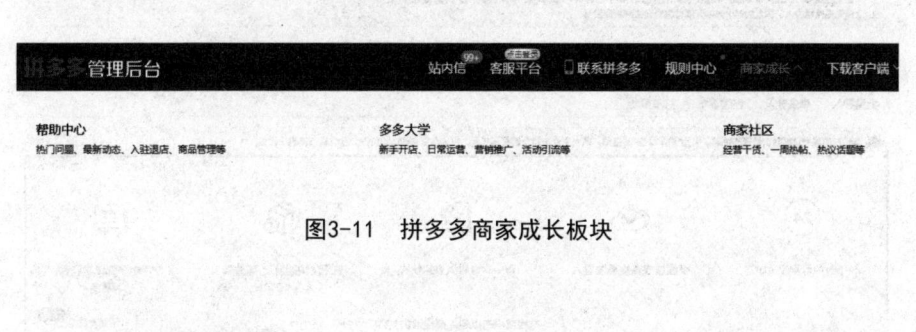

图3-11 拼多多商家成长板块

认识导航栏功能

1. 发货管理模块

发货管理模块，主要用来处理日常发货和退换货等，包括以下板块内容。

（1）订单查询。商家可以对该页面近3个月的各类型订单进行查询，同时还可以对3个月前的订单进行查询，如图3-12所示。

图3-12 订单查询页面

（2）发货中心。如图3-13所示，商家可以在发货中心进行商品运单号的导入及发货，同时还可以开通极速发货服务，也就是商品将在24小时内发货，就会获得"极速发货"标签。

图3-13 发货中心页面

（3）物流工具。商家可以在该页面设置运费模板、加运费发顺丰模板，管理发货地址，如图3-14所示。

图3-14　物流工具页面

（4）物流概况。该页面有店铺近30天的物流概况数据和指标。物流概况主要有成团到发货、成团到揽件、成团到签收、发货到签收、揽件到签收、物流投诉率、物流详情完整度、发货单量等内容；物流指标主要有快递公司、发货到签收（时）、揽收到签收（时）、物流投诉率（％）和物流DSR（Detail Seller Rating，卖家服务评级系统）指标，如图3-15所示。

图3-15　店铺物流概况页面

（5）包裹中心。在该页面，商家可以快速筛选揽收超时、派签超时和即将揽收超时包裹的订单状态及订单相关信息，同时还可以对退货包裹状态进行查看，如图3-16所示。

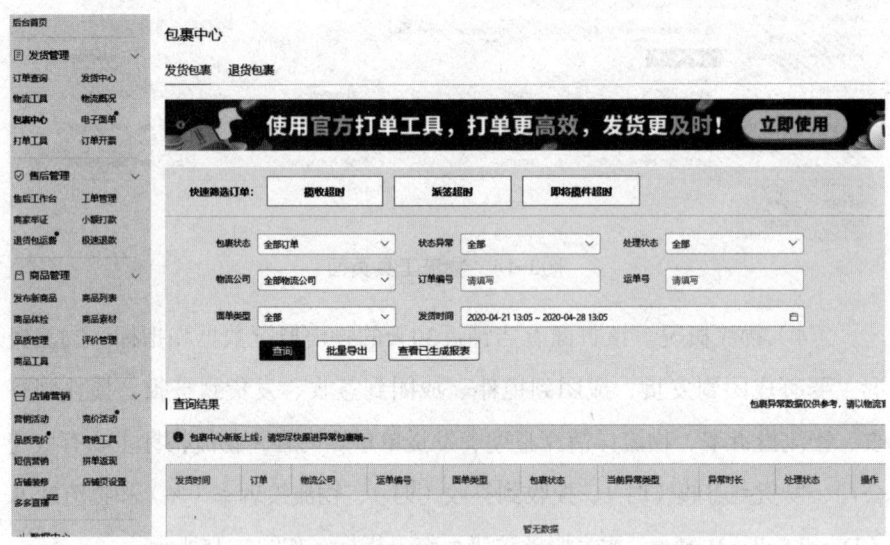

图3-16 包裹中心页面

（6）电子面单。该页面可帮助商家高效、低成本地获取快递单号的物流服务，商家需要开通相应物流公司的电子面单时才可以享受到该服务，如图3-17所示。

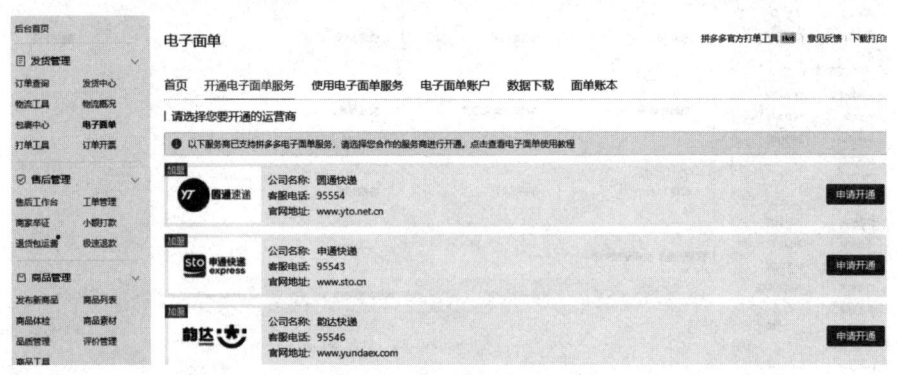

图3-17 电子面单页面

（7）订单开票。就是对用户购买的带有"正品发票"标签的商品，按《正品发票服务条款》的要求为用户开具发票的服务。

2. 售后管理模块

售后管理模块包括以下板块内容。

（1）售后工作台。主要是处理退款方面的售后工作，如图3-18所示。

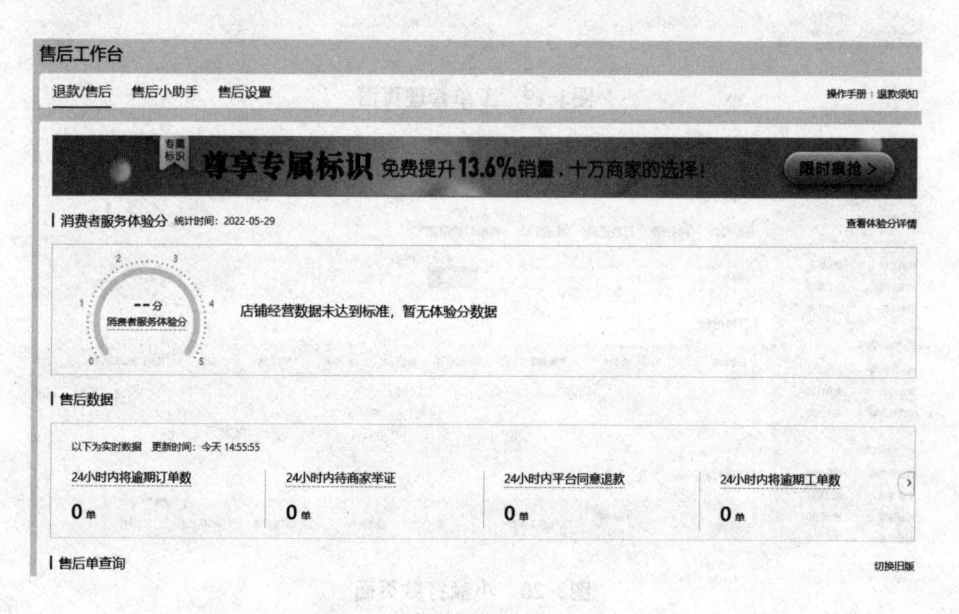

图3-18　退款/售后工作台页面

（2）工单管理。用于查询相应时间段内的工单状态，如图3-19所示。

（3）商家举证。通过提交一些证明资料来处理拼多多平台介入的一些售后单。

（4）小额打款。为了方便商家给买家退运费、补差价等一些小额的转账操作，如图3-20所示。商家可以在后台查询相应的订单号发起打款，填写打款类型、金额、原因以及给买家留言，一般打款成功之后可即时到账。

图3-19　工单管理页面

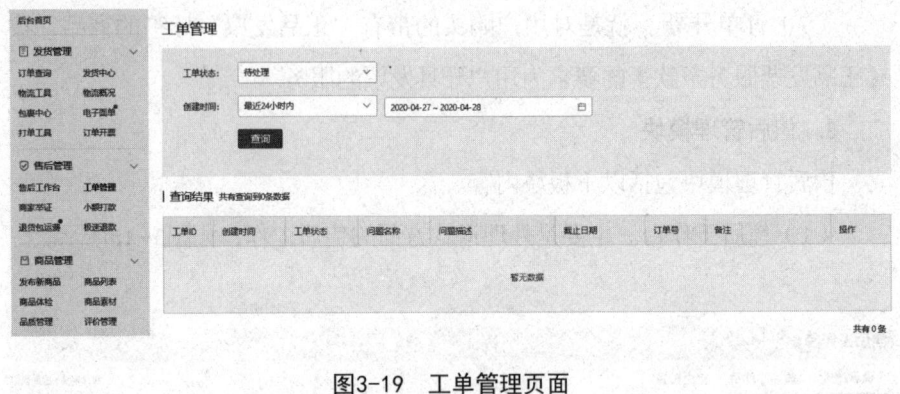

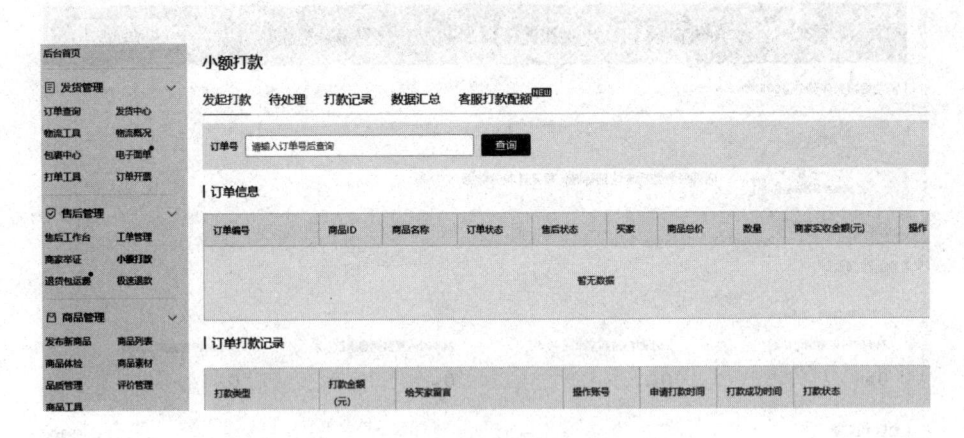

图3-20　小额打款页面

（5）退货包运费。该服务主要是为了减少退货运费的纠纷。开通后，商品会带有"退货包运费"标签，显示在商品详情页、下单页、订单详情页和售后单各个页面中。因此，开通该服务还可以增加店铺的搜索权重。

（6）极速退款。是指拼多多平台为提升用户体验而推出的售后服务，主要是针对非虚拟类目、订单金额小于300元的商品，买家在订单确认6小时内申请退款，且商家还未发货时，就可以执行极速退款操作。

3. 商品管理模块

商品管理模块包括以下板块内容。

第三章　熟悉开店流程，掌握后台精细化操作

（1）发布新商品。编辑商品信息，进行商品发布。

（2）商品列表。创建商品的一个入口，当上架商品通过审核之后，也会出现在这里。商家可以在此执行商品的上下架操作、编辑商品信息、分享商品，如图3-21所示。

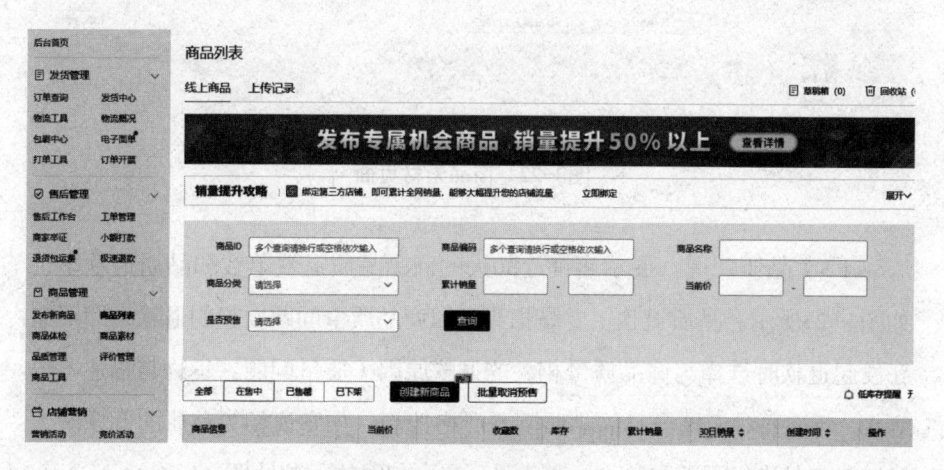

图3-21　商品列表页面

（3）商品体检。商家每天可以使用一次该功能，体检后，系统会详细地展示店铺的问题商品情况，商家可以根据体检结果和平台规则，在系统的引导下处理这些问题。

（4）商品素材。展示商品各级标准的素材，包括短标题、白底图、场景图等，同时还可以查看相关的示例图，如图3-22所示。商家也可以在此查看被系统驳回的不符合标准的商品素材，然后重新提交商品素材等待审核。

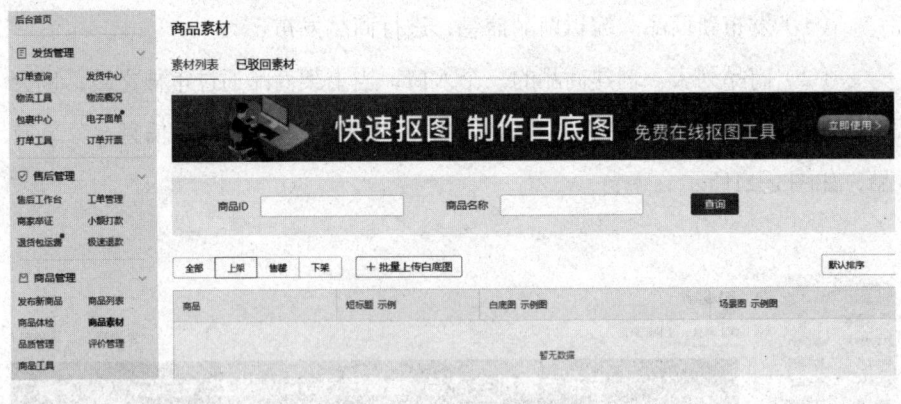

图3-22 商品素材页面

（5）品质管理。展示店铺近30天的商品品质退款单数和品质退款率，如图3-23所示。品质退款主要是指买家因商品质量问题发起的退款，即买家在发起退款时选择与商品质量相关的退款原因（质量问题，货物与描述不符等）。商家要对店铺产品的品质问题严格控制，如发现相关品质的问题时，及时对商品进行下架和整改，避免受到平台权限的限制处罚。

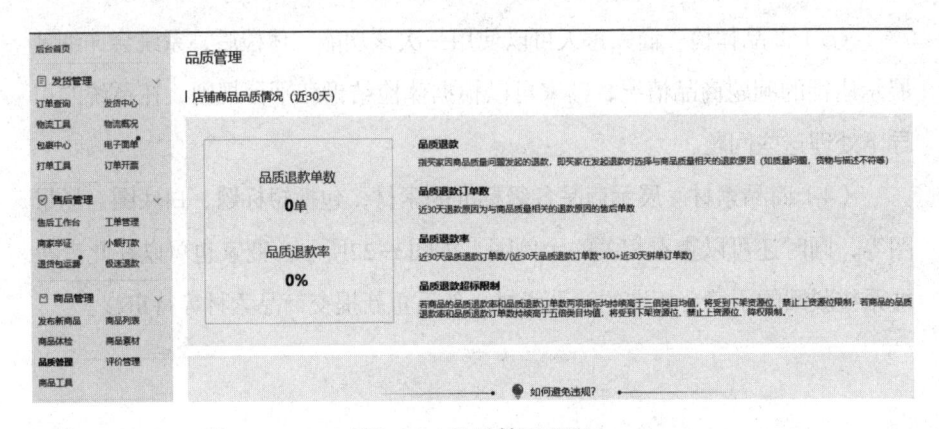

图3-23 品质管理页面

（6）评价管理。查看店铺评分、买家评价的具体内容，如图3-24所示。

第三章 熟悉开店流程，掌握后台精细化操作

图3-24 评价管理页面

（7）商品工具。主要有商品关联推荐、商家客服答疑、商品搬家、抠图工具等内容，用来帮助商家提升商品的展现量，减轻客服工作，提高产品转化率，如图3-25所示。

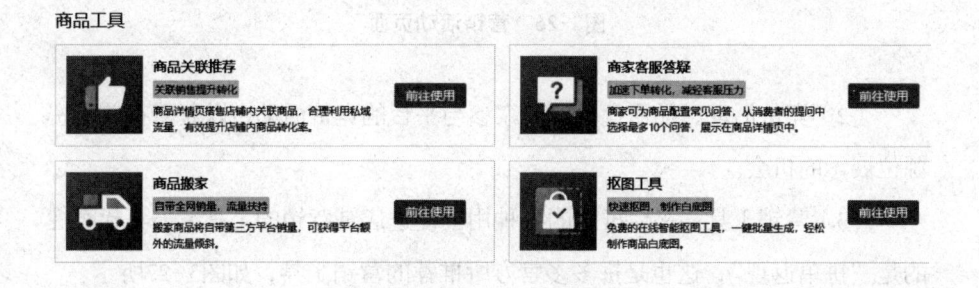

图3-25 商品工具页面

047

4. 店铺营销模块

店铺营销模块包括以下板块内容。

（1）营销活动。显示常规活动频道的资源位的要求，这和每一个频道的定位与邀请不同。当商家不符合相应频道的报名要求时，可以查看问题所在，从而不断地进行店铺优化，以达到参加活动的要求，如图3-26所示。

图3-26　营销活动页面

（2）竞价活动、品质竞价。商家参与平台的竞价活动，以获得在首页资源位展示的机会。

（3）营销工具。平台推出的各种用于促进店铺营销的工具，最具代表性的是"拼单返现"，这也是拼多多官方所推荐的营销工具，如图3-27所示。

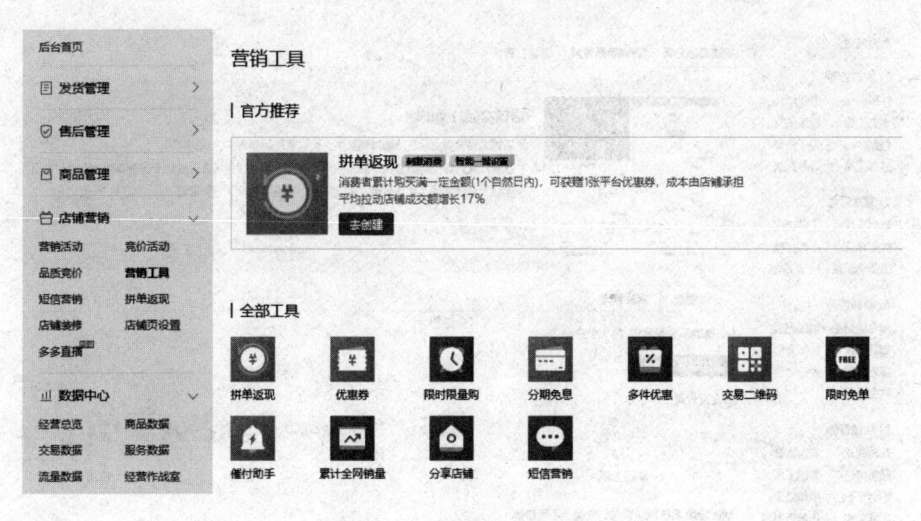

第三章 熟悉开店流程，掌握后台精细化操作

图3-27 营销工具页面

其中，"短信营销"是拼多多平台的一种付费推广工具，它主要依赖于短信营销软件服务[①]而完成相应的营销内容。在"短信营销页"，主要有场景营销、实时营销、用户关怀和计划列表。比如，用户经常收到的付款提醒、成团提醒、发货提醒、派送提醒、签收提醒和定金预售尾款提醒，就是由短信营销的用户关怀来完成的。

（4）店铺装修、店铺页设置。主要是用来装修店铺（店铺首页的装修便在此进行，同时，这里还有一些专修模板可供参考和付费使用）和管理店铺中的商品，如图3-28所示。

（5）多多直播。是拼多多推出的直播工具，目的是直播带货，商家可以通过多多直播为用户营造更加真实的购物体验，进而获取流量、用户及粉丝，快速提升店铺的转化率。

---

① 短信营销软件服务，是拼多多基于第三方服务商提供的通信、信息服务（包括但不限于短信通道服务等），向商家提供的短信模板定制、批量发送等技术服务。

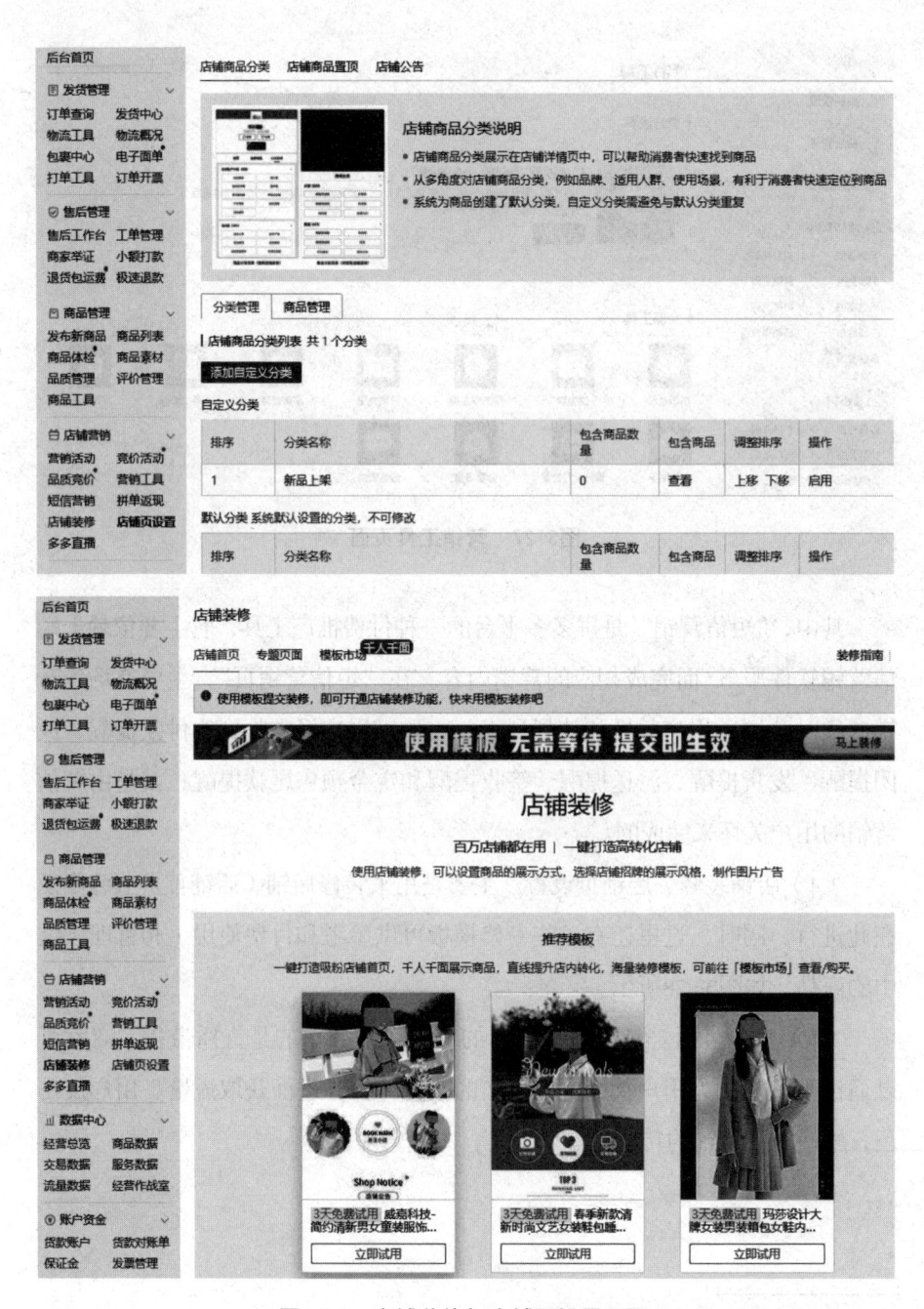

图3-28 店铺装修与店铺页设置页面

5. 数据中心模块

数据中心是店铺经营过程中所有数据的一个展示中心,主要包括经营总览、商品数据、交易数据、服务数据和流量数据。在数据中心,通过查看这些店铺经营过程中的数据,商家可以更直观地了解店铺的经营情况,发现问题之所在,从而更精准地解决相应的问题。

(1)经营总览。是对店铺主要经营数据的一个总体展示,可以查看每天的各项数据的情况,如图3-29所示。每一类数据指标的含义可通过"查看指标释义"来了解。

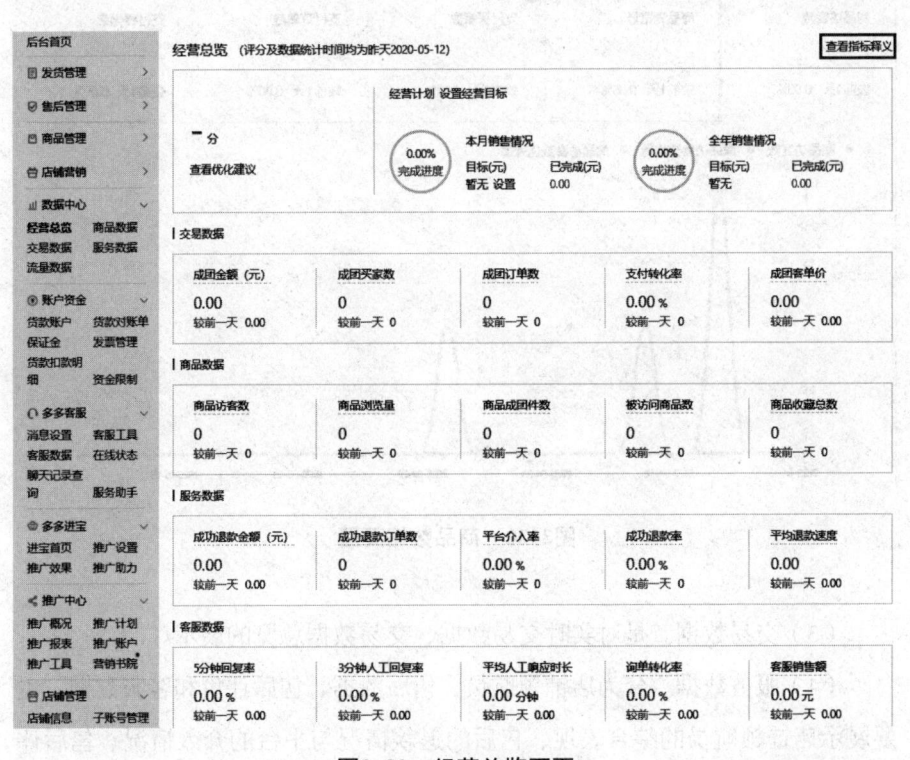

图3-29 经营总览页面

(2)商品数据。是对商品概况、商品明细和商品榜单的展示,如图3-30所示。在商品概况下,可以查看商品的实时数据统计,这对了解店铺产品的活跃度具有重要的意义。

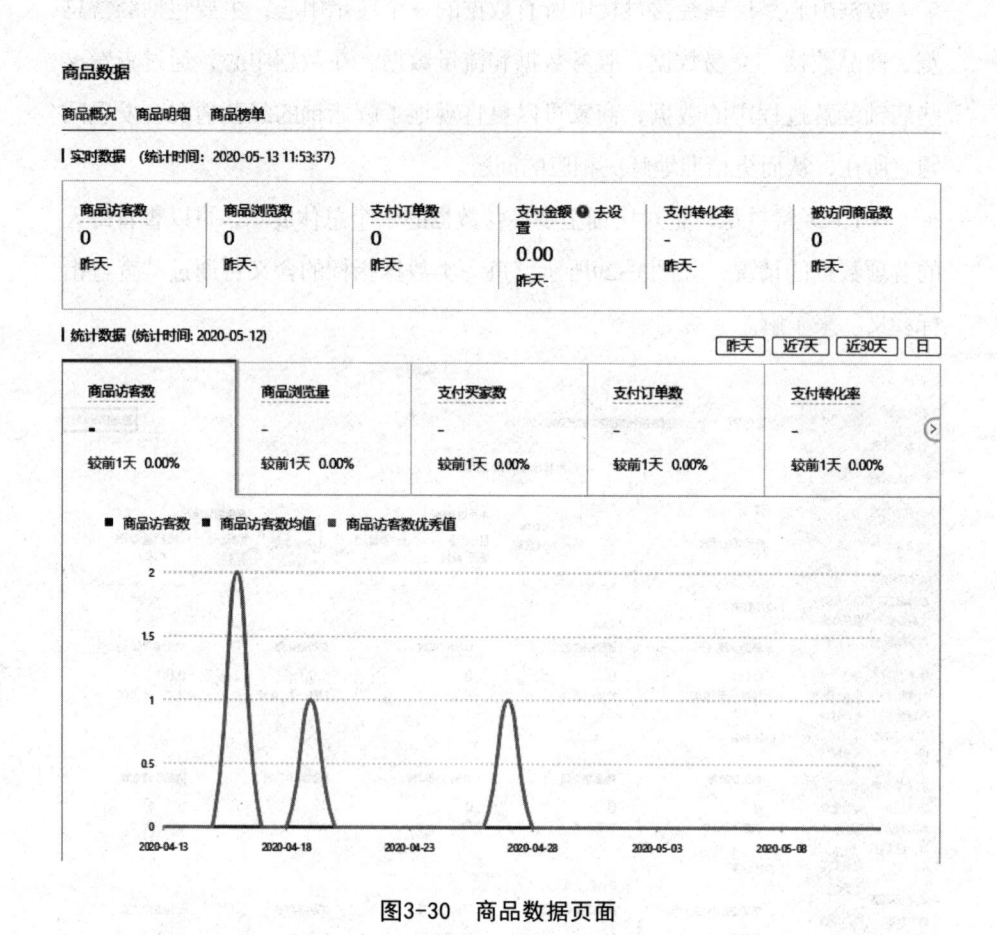

图3-30 商品数据页面

（3）交易数据。是对实时交易数据、交易数据总览的展示。

（4）服务数据。分为店铺领航员、售后数据、售后评价和客服数据，主要展示店铺领航员的综合表现、售后的退款情况与平台的介入情况、售后评价的总体情况与趋势以及客服的回复率情况。

（5）流量数据。分为流量看板、搜索流量、商品热搜词、营销活动数据和拼单返现数据，功能分别为展示流量的实时变化数据、整体商品的搜索热度与整体搜索销售指数，以及查看商品热搜词排行榜、查询不同营销活动的商品数据、查看拼单返现的相关数据表现。

6. 账户资金模块

账户资金模块包括以下板块内容。

（1）货款账户。展示店铺目前的账户总额、提现记录和收支明细，店铺所有的流水都会在这里展示，如图3-31所示。

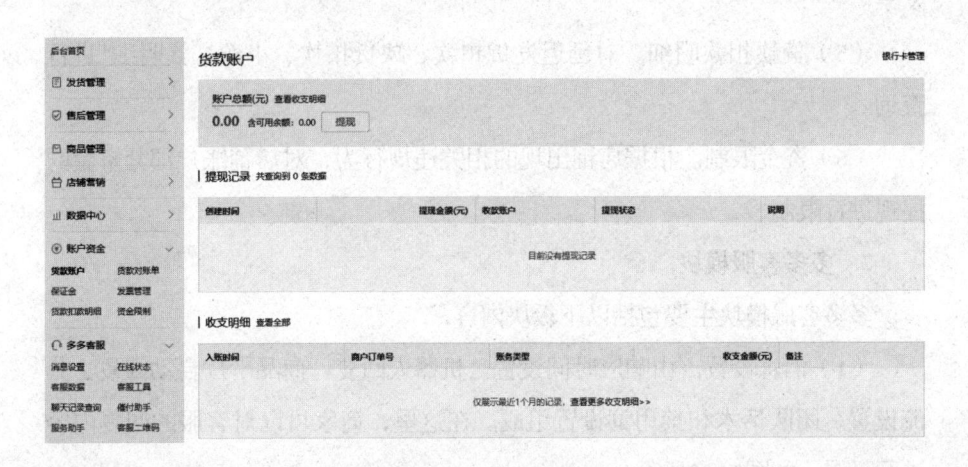

图3-31 货款账户页面

（2）货款对账单。商家可以在此导出店铺的收支记录。货款对账单明细可以实时查询货款账户的收支情况，最长可支持查询时间跨度为31天，最多可支持查询50万条明细。日汇总账单当日可查看前一日的账务汇总，月汇总账单每月1日可查看上月的账务汇总。账单生成存在一定延时，如未查询到相应账单，商家就需耐心等待。货款明细账单导出最多支持100万条，每次自定义导出的时间间隔为至少10分钟。日汇总及月汇总账单暂不支持导出。

（3）保证金。保证金分为三种：一是店铺保证金，它是店铺各项活动进行的基础；二是活动保证金，它能保证商家按照各种活动规则参加活动；三是营销保证金，它能将已结束活动的剩余资金提现。在这里可以查询保证金的充值、提现和交易记录。店铺的保证金充值额度依据店铺类目、风险评估、经营状况等因素而确定。

（4）发票管理。平台会把店铺在不同业务中产生的费用按次或按月的维度来生成账单。如果商家没有费用消耗，则不会产生账单。在账单生成之后，商家就可以前往"开票信息管理"填写相关开票信息，然后提交平台审核。待审核通过之后，可在"申请发票"列表中开具不同业务类型的发票。

（5）贷款扣款明细。对延迟发货扣款、缺货扣款、小额打款明细[①]进行查询。

（6）资金限制。根据店铺出现的相关违规行为，对店铺账户部分资金的提现进行限制。

7. 多多客服模块

多多客服模块主要包括以下板块内容。

（1）消息设置。由响应时间设置、机器人回复、商品卡片自动回复、分流设置、团队话术和禁用词设置组成。在这里，商家可以对客服的回复内容进行设置，如图3-32所示。

（2）在线状态。可以查询账号下的客户咨询人数、当日未回复人数、5分钟回复率、分配待回复用户，如图3-33所示。

（3）客服数据。主要包括店铺数据、客服绩效数据、催付数据、机器人数据和热门咨询分析。

（4）客服工具。位于商家版移动端和PC端的高效客服工具，包括催付助手和客服二维码。

[①] 小额打款明细，指商家客服与买家在沟通过程中产生的小额交易记录明细。

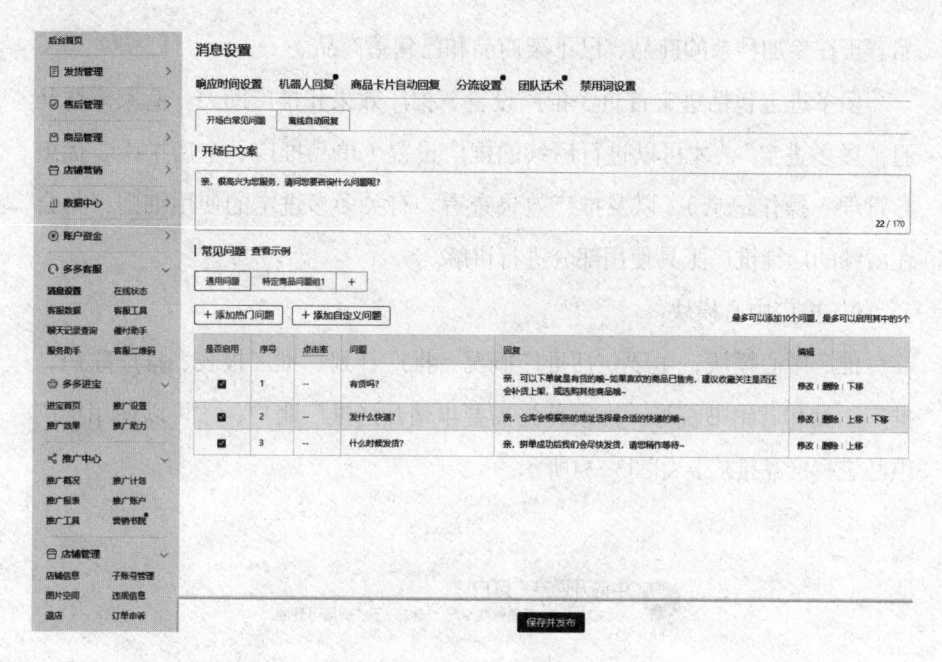

第三章 熟悉开店流程，掌握后台精细化操作

图3-32 消息设置页面

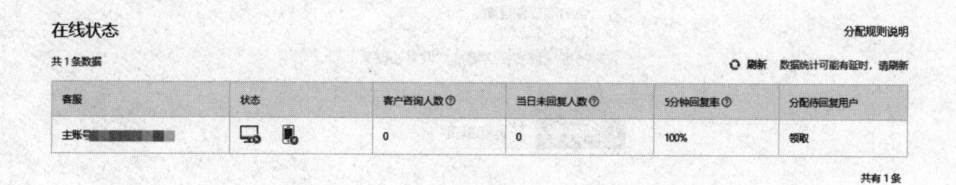

图3-33 在线状态页面

（5）聊天记录查询。分为按客服账户查询和按订单/违规会话编号查询客服聊天记录。

（6）服务助手。对承诺违约记录进行查询。

8. 多多进宝模块

多多进宝是拼多多平台给商家提供的新营销工具。商家可以给推手设定一定的佣金比例，让推手帮助商家分享商品链接，实现商品销售和推手获利的双赢局面。目前有五类商品暂不支持多多进宝投放：抽奖商品、千人团商品、正在参加秒杀的商品、已下架商品和已售罄商品。

多多进宝包括进宝首页、推广设置、推广效果和推广助力。商家需要开通"多多进宝",才可以进行后续的推广设置(单品推广、全店推广、优惠券管理、操作记录),以及推广效果查看。有关多多进宝的使用细则,将会在后续的店铺推广工具使用部分进行讲解。

9. 推广中心模块

推广中心模块,主要包括推广概况、推广计划、推广报表、推广账户、推广工具和营销书院等。商家首先需要申请开通推广账户,才可以使用推广中心进行产品推广,如图3-34所示。

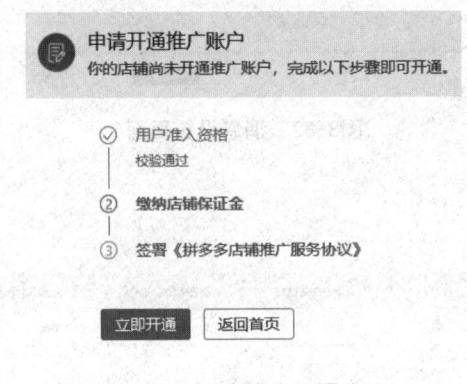

图3-34 推广账户开通步骤

(1)推广概况。主要展示多多搜索、多多场景、明星店铺和聚焦展位的推广数据,商家只有参加了这些推广活动,才会有推广数据。同时,在该页面还可以查看推广账户的余额,如图3-35所示。

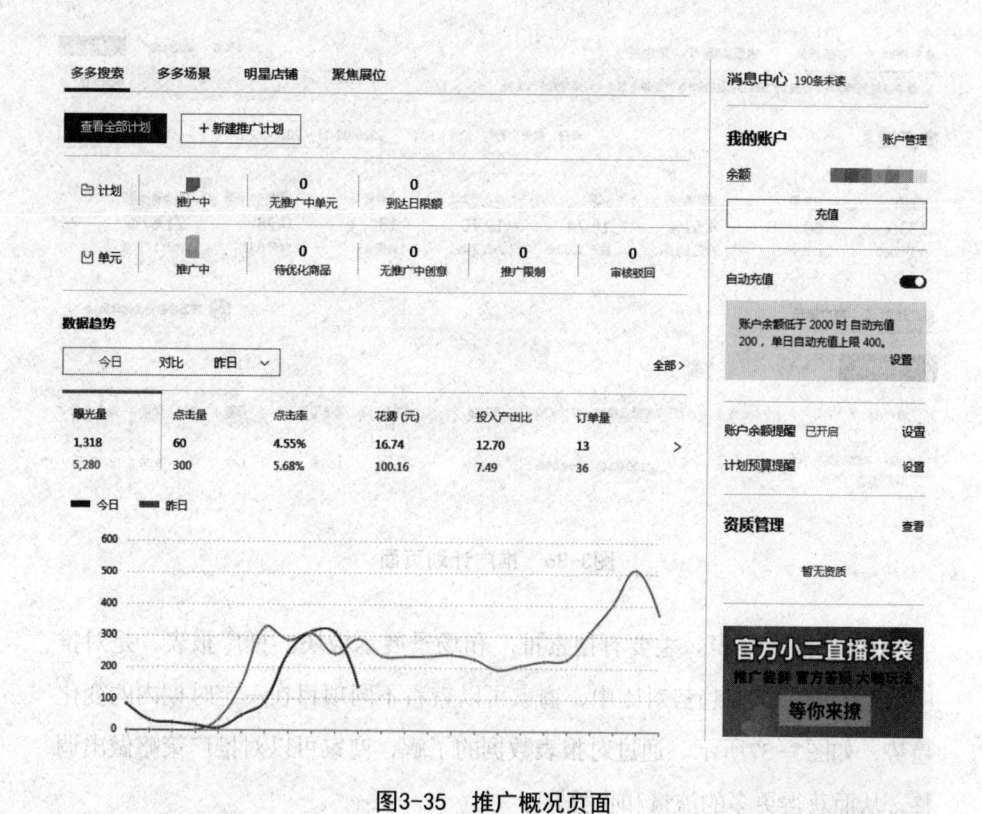

第三章 熟悉开店流程，掌握后台精细化操作

图3-35 推广概况页面

（2）推广计划。展示店铺目前已有的推广计划（多多搜索、多多场景、明星店铺、聚焦展位）和状态，包括曝光量、点击量、点击率、花费、投入产出比、订单量、平均点击花费和点击转化率等数据。这些数据能为商家后续的推广计划提供很好的数据支撑。商家想要创建推广计划时，在该页面的"推广计划"下新建推广计划即可，同时还可以查看已有的推广计划，如图3-36所示。

057

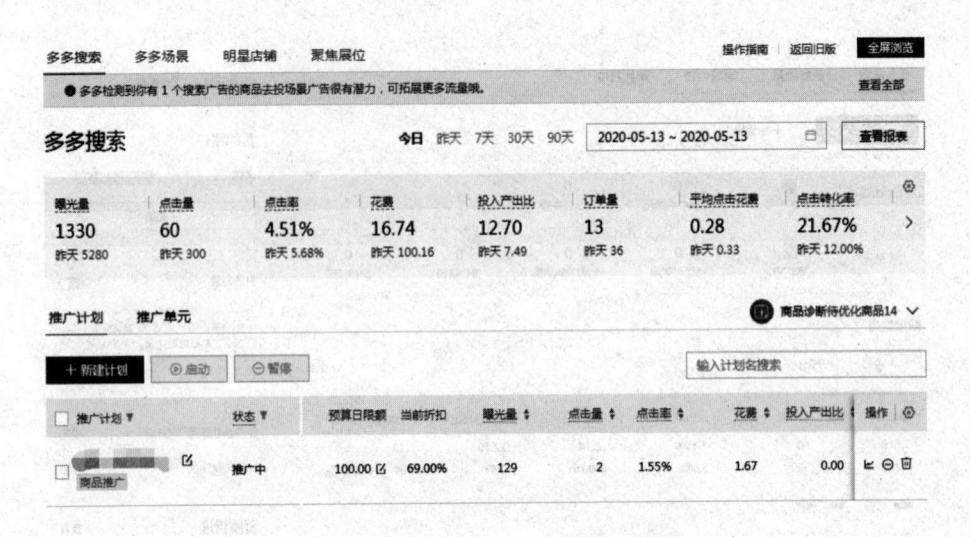

图3-36 推广计划页面

（3）推广报表。主要有搜索推广和场景展示板块。推广报表，是对推广效果的展示，在趋势对比中，商家可以查看不同项目在一定时期内的变化趋势，如图3-37所示。通过对报表数据的了解，商家可以对推广策略做出调整，从而获得更多的流量和收益。

（4）推广账户。包括财务管理和资质管理两个板块，分别展示推广账户的资金明细和管理推广活动的相关广告资质。

（5）推广工具。包括拼多多平台的推广工具（商品诊断、搜索行业分析、搜索词分析、操作记录查询等）和第三方推广工具（推广宝、易用飞车、快手车等）。商家可以合理选择适合自己店铺的推广工具，以提升店铺的推广效果。

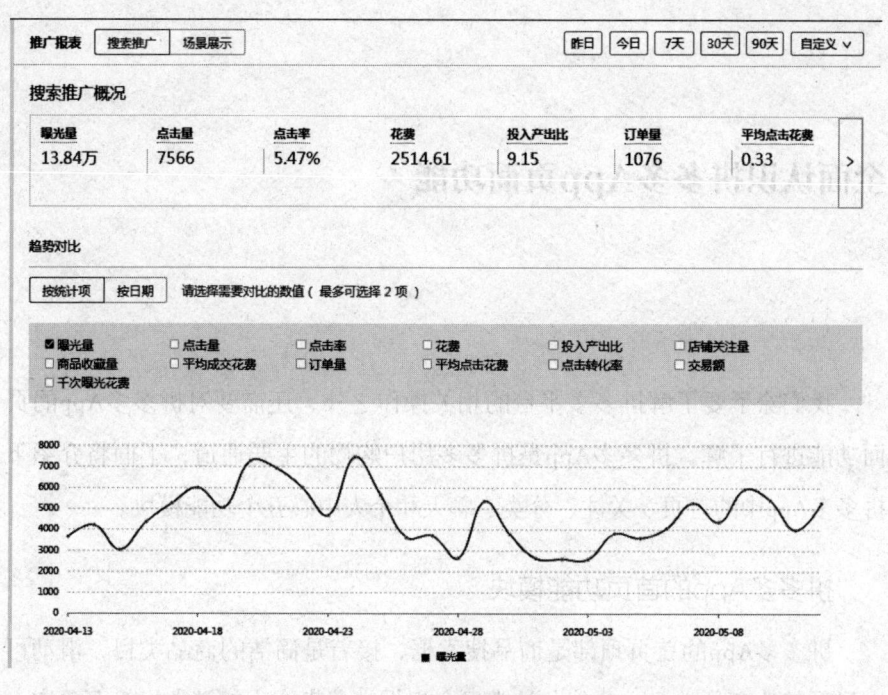

第三章 熟悉开店流程，掌握后台精细化操作

图3-37 推广报表页面

（6）营销书院。包括课程库和系列课程两个板块，这些课程详细地讲解了营销方面的内容，帮助商家提升营销方面的能力。

全面认识拼多多App页面功能

我们除了要了解拼多多平台的相关操作之外，还需要对拼多多App的页面功能进行了解。拼多多App是拼多多用户购物的主要通道，下面将介绍下拼多多App中的首页、关注、分类、聊天和个人中心五个功能模块。

拼多多App的首页功能模块

拼多多App的首页顶部是商品搜索框，接着是简洁的商品类目，滑动可以显示其他商品类目。此外，该类目会根据消费者个人的消费标签而设定。然后是首页展示广告位、"拼小圈"导航区、活动导航区。

首页展示广告位是优质的资源位；"拼小圈"是拼多多新推出的一个类似社交圈的功能，用来展示拼多多好友及其购物动态；活动导航区有"限时秒杀""断码清仓""新衣馆""多多果园""9块9特卖""医药馆""现金签到""砍价免费拿"等类目，如图3-38所示。

此外，用户的拼单信息还会滚动显示在广告位上，用户可以对这些拼单信息进行查看，这能在一定程度上吸引更多用户参与拼单进行消费。展示在拼多多首页上的商品，一般都是价格比较低的产品，这有利于吸引用户下单。

第三章 熟悉开店流程，掌握后台精细化操作

图3-38 拼多多首页

拼多多首页上展示的这些功能导航，能使用户产生一定的消费冲动、制造出丰富的购物体验。在这里，用户不仅可以体验购物活动，还可以参与各种活动，发掘拼多多上的购物乐趣。

拼多多上是没有购物车的，用户购买商品时要么下单单独购买，要么发起拼团与人拼单，或参与别人发起的拼单，如图3-39所示。这种没有购物车的设置，省掉了加购物车环节对用户消费行为的打断，使用户下单购买和分享产品的速度更快。

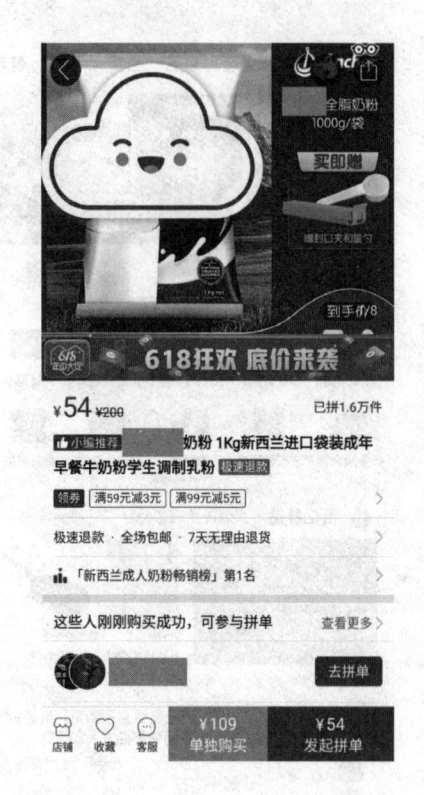

图3-39　商品下单页面

拼多多App的关注功能模块

拼多多App的关注功能模块主要展示买家关注的各类店铺，以及这些店铺的上新动态，如图3-40所示。这个模块对于钟爱某些品牌的人来说，能及时地帮助他们获取关注店铺的上新动态，及时获取自己所钟爱品牌的商品信息。

同时，为了让用户对自己的店铺保持忠诚度和关注度，商家要及时地更新商品，即不断上新，力求给用户更好的体验。

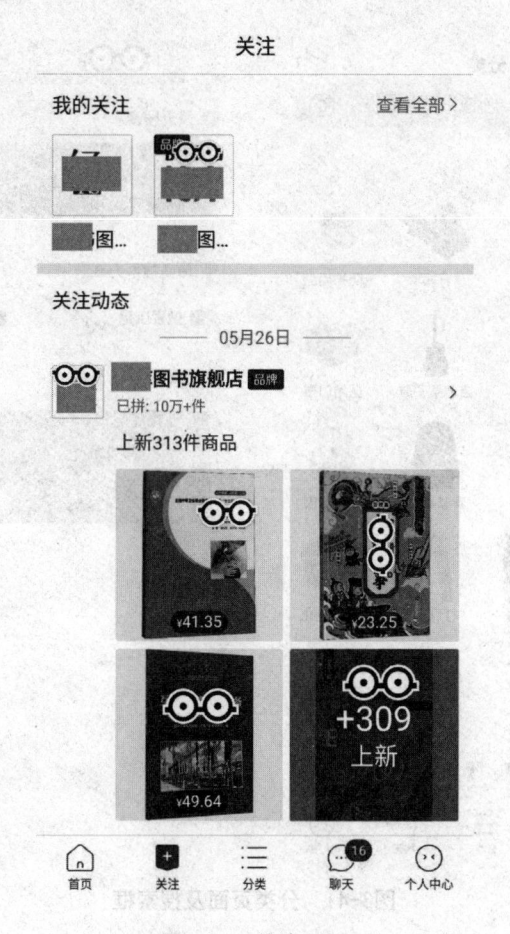

图3-40 关注页面

拼多多App的分类功能模块

拼多多App的分类功能模块是对产品类目导航的完整展示。同时，该页面还有商品搜索框，如图3-41所示。用户可以非常方便地使用产品类目导航和搜索框快速寻找商品。点开搜索框，有"最近搜索""搜索店铺""拍照搜同款""搜索发现"等搜索类别。

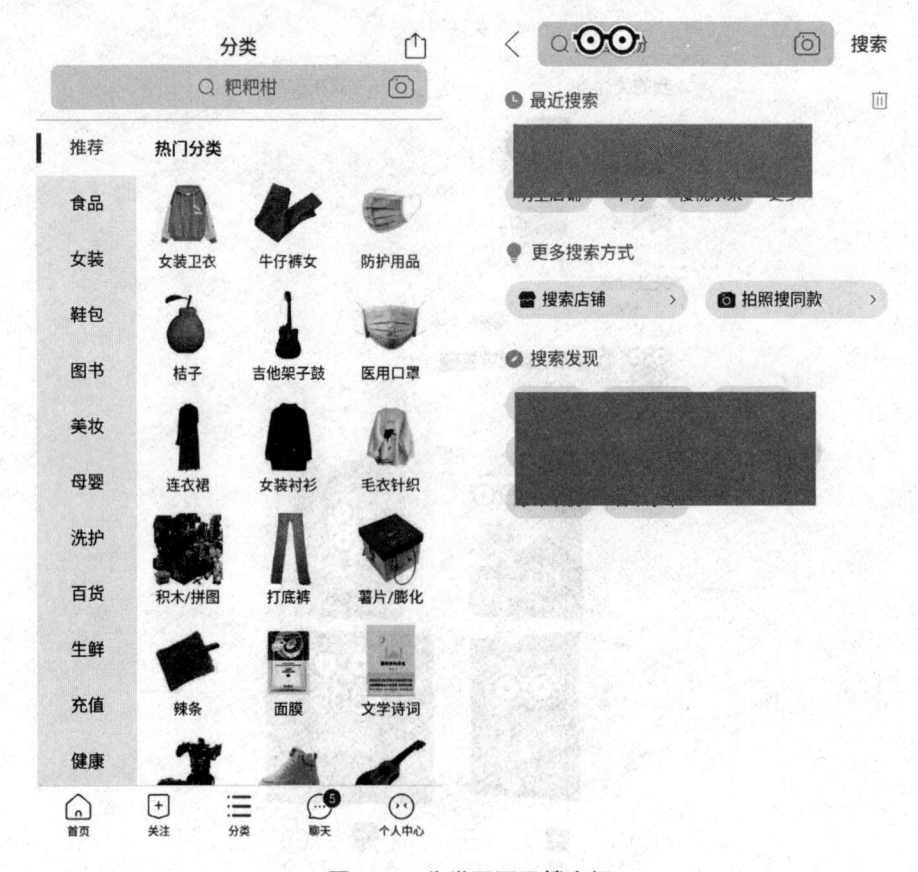

图3-41 分类页面及搜索框

拼多多App的聊天功能模块

拼多多App的聊天功能模块，除了展示交易物流的相关信息、用户与买家之间的信息交流、拼多多平台入驻的品牌通知，接收拼多多官方的相关通知外，还有"同城直播""我要直播"栏目，如图3-42所示。用户可以在"同城直播"中看到附近的人在拼多多上做的直播节目，同时，用户还可以点击"一键开启"在拼多多App上做直播。

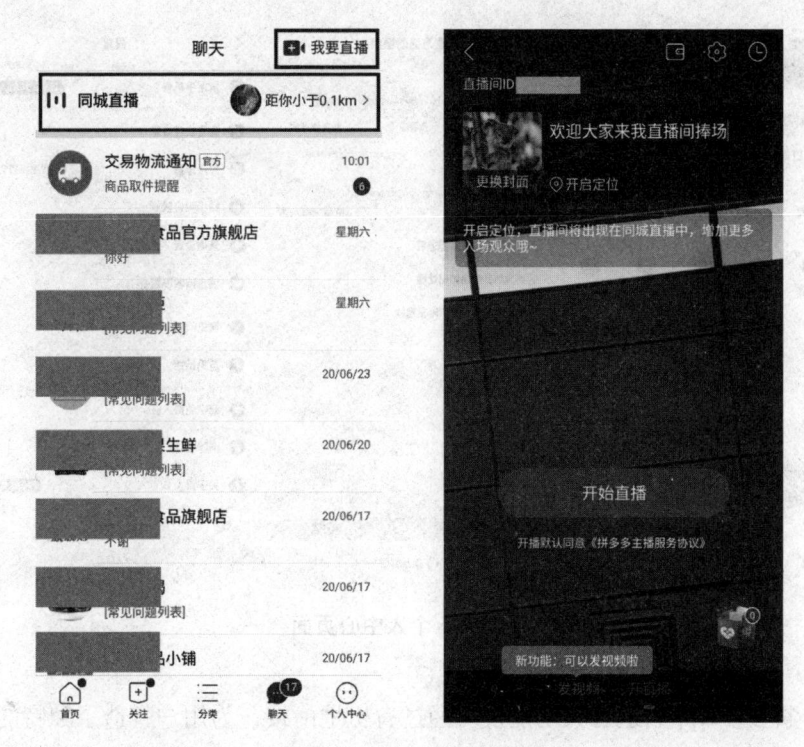

第三章 熟悉开店流程，掌握后台精细化操作

图3-42 聊天页面的功能

拼多多的聊天功能中融入了直播栏目，这让聊天模块的内容变得更加丰富，其与时俱进的特征更加明显，同时也使得拼多多平台的社交属性进一步强化，商家可以通过直播场景来做商品销售。

拼多多App的个人中心功能模块

拼多多App的个人中心功能模块展示的内容包括"我的订单"各项内容、优惠券、商品收藏、历史浏览、退款售后和我的评价，如图3-43所示，这里的优惠券、商品收藏、历史浏览能对消费者的购物行为进行再一次的引导。同时，这里有"多多果园""砍价免费拿"等导航活动。此外，用户还可以在这里查看和添加"收货地址"，通过"官方客服"了解一些官方的自主服务，在"设置"项里对账户的相关内容进行设置。

065

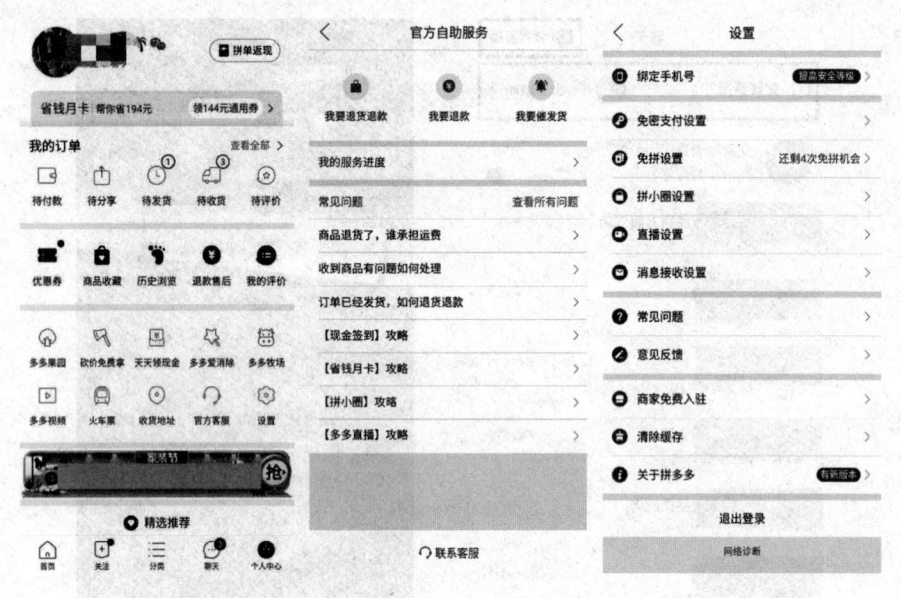

图3-43 个人中心页面

拼多多App的这五大功能模块通过有机地衔接，为用户打造了独特的购物体验场景。各种各样的优惠刺激及各种各样的用户通道，都能激发用户使用拼多多的频率，让流量变现的可能不断增强。

了解相关规则，正确使用拼多多平台

商家在拼多多平台运营店铺要注意两点：首先，要对电子商务方面的法律法规有一定的了解，做到合法、正规经营，避免经营过程中出现违法行为；其次，拼多多平台上还有诸多店铺运营规则，商家也要对这些运营规则十分熟悉，以避免违规行为的出现给店铺正常运转带来阻碍。

拼多多商家要遵守的法规

商家在拼多多平台开通店铺，做产品销售，要遵守2019年1月1日起施行的《中华人民共和国电子商务法》（以下简称《电商法》）。《电商法》中，以下问题可能是电商卖家最为关心的。

（1）不需要办理市场主体登记的情形。《电商法》第十条规定：电子商务经营者应当依法办理市场主体登记。但是，个人销售自产农副产品、家庭手工业品，个人利用自己的技能从事依法无须取得许可的便民劳务活动和零星小额交易活动，以及依照法律、行政法规不需要进行登记的除外。

（2）纳税的相关要求。《电商法》第十一条规定：电子商务经营者应当依法履行纳税义务，并依法享受税收优惠。所以，从事电商经营活动的商家要按照自己的条件，按照法律规定办理相关的税务登记。

（3）行政许可方面的相关要求。《电商法》第十二条规定：电子商务经营者从事经营活动，依法需要取得相关行政许可的，应当依法取得行政许可。因此，电商经营者要取得相关行政许可的，一定要及时依法取得，并将自己取得的许可信息（营业执照与经营业务相关的许可证书等）在店铺中进行展示，避免违规处罚行为的出现。

（4）经营商品或服务方面的相关要求。《电商法》第十三条规定：电子商务经营者销售的商品或者提供的服务应当符合保障人身、财产安全的要求和环境保护要求，不得销售或者提供法律、行政法规禁止交易的商品或服务。所以电商卖家要对销售产品或提供服务的信息全面、真实、准确、及时地披露，保障消费者的知情权和选择权。

（5）市场主体登记的相关要求。《电商法》第二十八条规定：电子商务平台经营者应当按照规定向市场监督管理部门报送平台内经营者的身份信息，提示未办理市场主体登记的经营者依法办理登记，并配合市场监督管理部门，针对电子商务的特点，为应当办理市场主体登记的经营者办理登记提供便利。所以，拼多多商家中应当办理市场主体登记的，就需要通过拼多多管理后台中的"店铺管理→店铺信息→资质信息"来开具网络经营场所证明，申办个体工商户营业执照。

当然，拼多多平台的商家在发布商品及信息时，还需要遵循平台的《拼多多商品及信息发布通则》，严格按照平台规则进行相关的商品及信息发布活动。

拼多多商家要注意的平台规则

拼多多平台的规则、机制都是非常成熟的，在拼多多管理后台的"规则中心"就可以查看该平台的各种规则。拼多多平台的规则主要有：《拼多多假货处理规则》《拼多多发货规则》《拼多多发货规则及实施细则》《拼多多特殊商品发货细则》《拼多多商品描述不符处理规则》《拼多多商品描述及质量抽检规则》《拼多多滥发信息处理规则》等。

具体来说，拼多多平台的商家在熟知这些平台规则的基础上，要尽可能地避免以下行为的出现，见表3-1。

表3-1 拼多多商家要规避的行为

要规避的行为	具体内容
不使用导流词汇	在拼多多平台上，不可以出现第三方信息平台的信息（淘宝、天猫、蘑菇街等）
	不使用"宝贝"这样的字眼，尽量使用"商品"或"产品"
	不通过好评返现等方式引导买家给好评
	在核实买家信息时，不将买家的联系方式发布出去
	客服不要提及"转账""线下""到付"等线下交易方式，要遵从平台的线上交易方式
禁止售卖假货、违禁品	商家出售假货不仅会违反平台规则，还会触及法律
避免商品描述与实物不符	如果商家在线上描述的商品在尺寸、材质、规格/功能、品牌、重量方面与实物不符，商家就要面临赔偿的风险
不要虚假发货	虚假发货是指违反物流时效造成的违规。拼多多平台考察的物流时效包括物流轨迹、揽件时效、走件时效等多个方面
避免发货超过时限	直邮类商品：商家从境外直接寄给买家的商品，发货时限为120小时
	预售类商品：发货时限从订单成团时开始计算
	常规类目商品：商家在大陆范围内发货的商品，发货时限为48小时
	直供类目商品：商家通过中国海关指定的保税仓发货的商品，发货时限为168小时
不要有违规的评价	诱导好评：商家用优惠券、红包或返现等承诺诱导买家收货后给出好评的行为
	商家用不正当手段冒充买家，对竞争对手进行恶意评价的行为

拼多多新手要面临的店铺问题与对策

拼多多平台上的新手商家的店铺运营经验可能会相对匮乏，那么在开通店铺做运营之前，需要了解一些在运营过程中会经常出现的问题，明确这些问题的处理对策，就能提前为实际的店铺开通及运营提供指导。

拼多多新手在实际的运营过程中可能会面临以下问题。针对这些问题，这里也会给出相应的解决策略，来帮助拼多多店铺运营新手快速上手。

1. 拼多多店铺的客服回复率有什么作用

拼多多店铺的客服回复率有一个重要的作用，那就是帮助店铺参加活动，只有店铺的客服回复率达到一定的水平时，才可以参加拼多多平台的一些促销活动。客服回复率计算公式如下。

客服回复率=（咨询总人数−超时未回复人数）÷咨询总人数×100%

客服回复率的统计时间为8~23点。对于同一位买家，无论他咨询多少次，都只统计一次。当客服回复率低于50%时，会扣除1000元的保证金，用作补偿金。所以，在实际的店铺运营过程中，商家要尽可能地配备专业的客服人员，及时、有效地回复买家的相关咨询，这样才能有效地提升客服回复率，为店铺的后续活动开展打下基础。

第三章 熟悉开店流程，掌握后台精细化操作

2. 新品上架后要采取哪些措施

对于上架的新品，拼多多平台会提供15天的扶持。在扶持期内，商家一定要想方设法地提升产品销量，在产品销量有了一定的提升之后，就需要积极地报名参加新品活动来对新品进行维护，这样新品的订单量才会保持稳定。

3. 拼多多企业店铺是否比个人店铺拥有更多的流量

就拼多多的企业店铺和个人店铺而言，拼多多企业店铺可以报名参加的活动更多，可以获得相对稳定的、较高的流量，但从总体上看，企业店铺与个人店铺获得的流量差异不大。

4. 即使降价，产品的日销量仍难以提升

拼多多的有些店铺在经营过程中可能会出现店铺日销量难以提升的状况，此时，商家要先确认自己有没有出现违规行为而被降权，再对商品标题及图片进行确认，看看这些方面有没有出现问题，同时还可以进一步优化标题，更改产品主图，对产品的详情页进行相应修改。

5. 店铺被降权，同时被告知要"妥善经营"

店铺被降权很大程度上是因为店铺销售太多的假冒伪劣类商品或大量刷单。遇到这种情况时，店铺要先找出降权的原因，然后在降权期间要避免再次出现相应的违规问题，这样店铺权限会逐渐恢复。

6. 产品销量为什么会突然大幅降低

遇到这种产品销量大幅降低的问题时，商家可先对产品销量较好时间段的数据进行统计分析，对比自己的商品与同款竞品的价格，可以采用"田忌赛马"的方式来将自己的最优产品在合适的时候拿出来，以此来带动店铺销量。

7. 店铺的很多评价为什么没有显示出来

拼多多平台会按自己的规则对评价进行过滤，为了能让评价尽可能地显示出来，商家要与用户保持适当的沟通，让用户撰写一些带图的简短评论，

以此来提升店铺的评价数量,从而为商家参与相应的活动提供基础。

8. 拼多多店铺为什么要对接运营小二

(1)虽然平台目前的大多数营销活动在商家后台都可以直接报名参加,但也有一些活动要求商家有对接运营才能参加。有对接运营之后,商家可以进入小二对接群中,获得运营小二的悉心指导以及更多活动机会。

(2)平台的某些功能上线时,会优先对有对接运营的商家开放。有了对接运营,商家可以第一时间参与体验平台新功能,抢先一步把握平台的商机。

商家对接运营小二的一般步骤是这样的:首先,当商家在平台经营一段时间,有了一定的经营成绩后,有对接需求的运营小二会主动联系商家,商家需要保持自己在后台留下的联系方式畅通,及时查收站内信等信息;其次,当商家成功发布商品后,可直接在商家后台申请加入商家群,联系对接运营小二。

9. 商品上架一周之后,还可以增加SKU(Stock Keeping Unit,库存量单位)吗

商品上架一周之后可以增加SKU,但是增加SKU会使商品的排名受到一定的影响,这就需要商家做好维护工作。只要有了维护,经过2~3天的时间,店铺商品排名就可恢复。

总之,拼多多商家在做店铺运营时,要树立正确的经营理念,不要认为拼多多平台流量大、红利多,就可以让店铺轻松获利。其实,拼多多店铺的良好运转及利润获取,都需要积极的店铺运营观念与态度的推进。拼多多卖家要将店铺运营作为一项事业,主动学习店铺经营过程中的各个操作环节,避开店铺运营过程中的陷阱,有效地为用户服务,从而实现店铺的高效运转与长效获利。

第四章

美工助力，
打造个性化视觉店铺

对于拼多多商家而言，利用美工进行店铺装修也是一项重要的工作。在店铺装修中，产品图片的拍摄、店铺招牌与首页的设计、产品主图的设计、产品详情页的设计及图文的合理搭配，都对个性化店铺装修具有重要的作用。所以，拼多多商家要利用专业美工独特的视觉设计，打造个性化的店铺。

学习拍摄技巧，打造爆款照片

图片是用户了解产品的重要通道。作为拼多多商家，在使用图片传递产品信息时，图片质量的高低具有重要的作用。越是构图精美的照片，越是能够完美地展现产品，从而抓住用户的眼球。所以，为了让拼多多店铺中的图片实现"用图说话"的目标，我们就需要学习一些照片拍摄技巧，用更出色的照片完美展示店铺产品。

布光技巧拍出专业照片

照片拍摄中的布光[①]，能让所拍摄照片的清晰度和专业度更高，商品主体更加突出。因此，在拼多多店铺商品照片的拍摄环节，针对不同的拍摄对象，可以使用不同的布光技巧来提升照片的专业度。

（1）吸光体商品拍摄。由于吸光体商品（食品、水果、木制品等）的表面不够光滑，颜色比较稳定、统一，呈现的视觉层次感比较强，所以在拍摄这类商品时，通常会采用侧光、斜侧光的布光方法。光源最好是较硬的直射光，这样会将商品原本具有的色彩和层次感更好地体现出来。

（2）反光体商品拍摄。反光体商品（金属材质产品、没有花纹的瓷器、塑料制品等）的表面一般是比较光滑的，具有很强的反光能力。所以，在拍摄这类商品时，需要注意商品上的光斑或黑斑，利用反光板照明，或者采用

---
① 布光，又称照明或采光，是指使用光设备辅助产生辅助光，让辅助光与拍摄的主光有效地配合，从而让拍摄效果变得更好。

大面积的灯箱光源照射，能让商品表面的光线更加均匀，保持色彩渐变的一致性，使它呈现出更加真实的效果。

（3）透明体商品拍摄。拍摄透明体商品（玻璃、塑料制品等）时，可以使用高调光或低调光的布光方法。

高调光就是使用白色的拍摄背景，背光拍摄，商品的表面看上去会更加简洁、干净。

低调光就是使用黑色的拍摄背景，用柔光箱从商品顶部或两侧打光，同时在两侧安放反光板，勾出商品的线条效果。

构图技巧增加照片美感

构图就是将商品恰当、合理地摆放在画面中，使画面整体的美感和冲击力更强。我们在为拼多多店铺拍摄商品照片时，就需要进行恰当的构图，让商品照片能够呈现出更好的效果，给用户带去更强的观感。

（1）三分构图法。将图片从纵向或横向上分为三部分，然后把拍摄的商品或商品的焦点放在三分线的某一个位置上进行构图取景，以使被拍摄的商品更加突出，让画面更加美观。三分构图法将商品放在了偏离画面中心的三分之一处，会减缓画面的枯燥、呆板感，突出拍摄主体，让画面的紧凑感与力度增强。

（2）均分构图法。把商品主体放在画面中心进行拍摄，将画面的垂直或水平画幅进行均分，在画面中心更好地突出商品主体，使消费者更容易、更快速地抓取图片上的重点，从而将目光锁定在商品上。均分构图法最大的优点在于重点突出、明确，而且画面简练、美观，容易达到左右平衡的效果。

（3）疏密相间构图法。让照片中包含的多个商品对象错落有致、疏密有度，疏中存稀、密中见疏，相互间隔，彼此相得益彰，使画面主次更加分明，紧凑感更强。

（4）远近结合构图法。让远处与近处的商品在距离和大小上产生对比。

在实际拍摄时，需要找准远近可对比的物体对象，然后从某一个角度切入，进行拍摄，从而产生更强的画面感和透视感。远近结合构图法可以从不同的角度和距离展示商品，同时利用大光圈将远处的对象进行虚化，能让画面的层次感更强，主体的特征更加明显。

（5）明暗相间构图法。通过明与暗的对比来布局画面，从而凸显色彩，让画面具有一定的美感。在使用明暗相间构图法时，将商品放在暗色背景上，用直射光照射商品，从而烘托出明亮的主体。

以上这五种构图技巧虽然相互独立，但是在商品拍摄过程中，如果将多种构图技巧有机地结合在一起使用，会拍出更具有美感的照片，从而更好地展示商品。

摆放与拍摄技法，提升拍摄效果

高品质的商品照片拍摄，必须在合适的拍摄环境中进行，同时还需要搭配相应的摄影设施（三脚架等），防止拍摄过程中产生抖动，以避免画面模糊。此外，为了让拍摄效果更好，还需要使用一些摆放与拍摄技法。

（1）商品的摆放要合理。商品的摆放位置是陈列艺术的体现，各种各样的商品造型与摆放方式可以带来不同的视觉效果，见表4-1。

表4-1　商品摆放及视觉效果

商品摆放	视觉效果
摆放的角度	由于人们习惯从上往下看的视觉转移，因此商品的摆放要尽可能低一些。拍一些较长的商品时，斜着放更能减轻画面的压迫感，同时还能更好地展现商品主体
商品造型设计	摆放较柔软的商品时，可以对它的外形进行二次设计，以增加画面美感
商品的环境搭配	摆放商品时，还需要对环境进行一些适当的设计，为商品增加一些修饰物，能让商品显得更加精致

(续表)

商品摆放	视觉效果
商品的组合摆放	在拍摄不同颜色的商品组合时，要注意商品的摆放方式，利用疏密相间、堆叠、斜线、"V"形、"S"形、交叉等方式，能让画面更加丰富和饱满，表现出一定的韵味
摆放要突出主题	摆放商品时，要将所要表达的商品信息更好地突出，让用户能轻易抓住商品的主题

（2）商品细节图要多拍。为了增加商品照片的吸引力，拼多多商家还可以多拍摄商品的细节图，将商品的质感与细节表现出来。因为用户习惯于通过细节对比来确定是否要对某一件商品下单，所以充分地展示商品细节，能促进用户下单。

（3）增加商品的真实感。拼多多的用户大都是网购达人，他们对商品的真假有着很强的判断力和分辨力。所以在拍摄商品照片时，要对商品的用户群体进行调研，发现他们喜好的照片风格，然后拍出同样风格的商品照片。此外，对于穿戴商品，还可以用真实模特进行拍摄，以增加商品的真实感，给用户制造更好的购物体验。

从这个角度看，拼多多卖家是非常需要一位高水平美工的，他不仅可以拍摄出优质的照片，还可以利用后期的修图工具将照片处理得更加优质，将商品以更好的姿态展示给用户。

店铺招牌与首页设计，让用户耳目一新

网店的店铺招牌，又称为店招，位于店铺首页的最顶端，是店铺的标志。店招位于店铺中这个显眼的位置，能很好地增强用户对店铺的记忆。店铺首页的欢迎模块，能给用户制造一定的仪式感，能让用户对店铺在整体上产生一种认同感和信任感。所以，拼多多卖家在店铺装修方面可试着通过设计给用户传递店铺信息，能无声胜有声地给用户一定的尊重感。

店招的设计要求

店招在设计上通常由产品图片、宣传语、店铺名称等组成。好的店招能给用户传达明确的信息，表现出深刻的精神内涵和艺术感染力。在设计店招时，要遵从以下店招设计原则与要求，如图4-1所示。

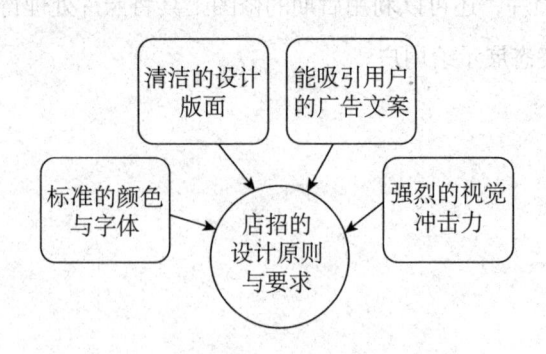

图4-1 店招的设计原则与要求

拼多多商家设计店招的目的就是让用户快速地对店铺有一个了解，知道店铺的经营品牌，缩短用户寻找目标产品的时间，从而节约用户的时间成本，同时也让卖家节约向用户介绍自己店铺的时间成本。因此，店招中要清晰地展示店铺名称，添加店铺logo，从而让用户加深对店铺的记忆，实现提升店铺品牌的目的，如图4-2所示。

图4-2　店招展示

店招作为店铺的门面，还具有以下三种功能。

（1）确定店铺属性。店招的基本功能就是让用户明确店铺的名称、销售的商品内容、最新的店铺动态。

（2）提高店铺知名度。特色店招能够增强店铺的昭示性，便于用户快速地形成记忆，提高店铺的知名度。

（3）增强店铺信誉度。具有一定设计感和美感的店招，能提升店铺的形象，拔高店铺的档次，增强用户对店铺的信赖感。

店铺首页欢迎模块设计技巧

拼多多店铺的首页有一个欢迎模块，会对店铺的最新商品、促销活动等信息进行展示。这里作为店铺中最为醒目的一部分空间，占据了店铺较大的面积，因此这里的设计要求更高，需要将信息高效地传递给用户，如图4-3所示。所以，将产品的卖点放大，结合文字做创意设计，是店铺首页欢迎模块设计的出发点。

图4-3 店铺首页展示

需要明确的是，店铺首页欢迎模块的设计是随着店铺经营进程的变化而变化的。比如，在特定的节假日促销活动期间，首页欢迎模块设计要以相关活动信息为主；店铺新品上架时，首页欢迎模块则要以新品内容为主；店铺有较大变动时，首页欢迎模块则可以作为公告栏，告知顾客相关信息等。

在具体的首页欢迎模块设计环节，可以考虑从以下六点出发进行设计。

（1）图片为主，文案为辅。用图片抓住用户的主要诉求，精练表达要展示的内容；用醒目、正规、大气的字体展示店铺主题，甚至可以用英文做衬托；用色彩给用户制造充分的视觉冲击。

（2）保持信息元素之间的间距。用主标题、副标题、附加内容的形式展示商品的主要信息，采用三段式排版，使段间距大于行距，在上下、左右适当地留白，以便用户抓住重点内容，快速阅读。

（3）文案字体不超过三种。不同的字体能提升文本的设计感和阅读感，清晰展示文案的主次关系，但是为了不让画面凌乱，文案字体最好不要超过三种。

（4）画面颜色不宜繁多。首页配色要讲究协调，协调的色调能让信息传递的氛围更加和谐，因此，首页欢迎模块的画面颜色尽量不要超过三种，为了强调重要的信息，可以使用高亮的颜色来加以突出。

（5）做好留白处理。当欢迎模块需要突出的重点信息较多时，此时的画面可能会被填充得过满，为了减轻用户的阅读压力，就需要在设计过程中注意画面的留白。留白能让设计的档次和气度有一定的提升，制造出一种宽松自如的氛围，减轻用户阅读的压力。

（6）背景、文案、产品信息要实现和谐、统一。在首页欢迎模块上，合理的设计背景、优秀的文案、醒目的商品信息是必须具备的，而且这三者还要和谐地搭配在一起。背景要尽量简洁，能烘托文案与商品信息，而文案与商品信息要尽可能地突出，这样用户才能有效地感知欢迎模块的内容。

此外，拼多多店铺首页还有一个模块是商品列表，这里是用户查看店铺各类商品及信息的地方。条理清晰的商品列表能够为更多商品的访问提供可能，同时，有条理的商品列表设计，更便于用户发现店铺的商品信息与活动信息，这种指引作用，能有效地促进店铺商品的转化。

所以，拼多多卖家在店铺商品列表页的装修设计过程中，要参照店铺首页的整体装修风格，对商品列表页的色彩和字体进行设计。同时，商品列表页不要使用太突兀的颜色，每一种商品的展示尽量保持统一的风格，才能加深用户对商品的印象。

使用主图设计技巧，提高商品点击率

查看商品主图，是用户了解商品的开始，所以，商品主图需要把商品最好的一面展示给用户，让用户对商品建立最初的好印象，这才有可能吸引用户继续浏览该商品。为了让商品主图快速打动用户，拼多多商家在设计商品主图时需要掌握一定的设计要点，设计出高点击率的商品主图，以此刺激用户产生进店消费的欲望。

拼多多商品主图的规格

拼多多商家在制作商品主图之前，首先需要根据发布助手的提示明确主图的图片要求。只有按照平台规格设计主图，才能在尺寸、大小等方面满足上传要求。拼多多平台上的主图规格见表4-2。

表4-2　拼多多平台商品主图规格

项目	要求
尺寸	750×352px
大小	100k 以内
格式	JPG、PNG 格式
图片背景	以纯白为主，商品图案居中显示
添加内容	不可以添加任何品牌相关文字或 logo

拼多多商品主图的设计要求

（1）主图中的颜色与字体要搭配协调。商品主图所在的区域较小，在设计商品主图时，添加的图片颜色与文字字体要素要协调，避免使用过多的颜色和字体，否则容易给用户造成审美上的视觉疲劳。通常，文字颜色要根据商品的色彩来做定位，可以使用同色系或通过补色来处理二者之间的协调关系。

（2）选择创意素材，抓住用户的核心需求。在设计一些商品的主图时，可以选择更具创意性的素材来做主图。这种创意性素材主要是指根据商品的属性特征，对它的作用、功能进行一些延伸与放大，然后将它放在一些可以发挥作用的场景中，甚至可以将发挥作用前后的变化都表现出来。用创意素材做主图，能让用户更加直观地了解商品，加深对商品的印象，激发用户的真实需求，如图4-4所示。

图4-4 拼多多平台商品主图的创意背景

（3）内容要全面，重点要突出。商品主图要将商品的主要内容都完整地体现出来，能有效地突出商品的重点，这样的主图设计，对用户的吸引力会更大，更便于用户初步了解商品，如图4-5所示。同时，还可以通过其他途径的修饰与润色，让商品的卖点充分显露，对于无关的内容还要适当地删除，不要让这些内容对主题表达产生影响。

（4）主次分明，结构布局清晰。所谓主次分明，是指要对商品文案内容做好处理，不能让商品文案抢占商品的地位。也就是说，文案要尽可能低调，为商品做配合。在通常的主图设计中，主图中商品图片的占比为2/3左右，文案等其他内容的占比为1/3左右。不过对于一些特殊的主图效果也可以直接使用满版型的设计方案，如图4-6所示。

图4-5　主图要突出重点

图4-6 主图满版型设计

（5）视觉化设计与商品信息合理搭配。在设计商品主图时，重视视觉化的设计是一个方面，重视商品信息展示是另一个方面。也就是说，我们在商品设计方面不能偏执于某一方面，而是要将这两方面结合起来，不能忽视其中任何一方的作用。如果商品主图中只有视觉方面的设计，那么用户很有可能只看到了商品的视觉设计，并没有意识到商品的功能作用。为了避免这种情况的出现，在设计主图时，一定要将视觉设计与商品信息有机搭配，才能制作出更加有效的商品主图。

设计商品主图的目的，就是将商品最好的一面在一开始就展示给用户。在用商品主图展示商品时，要从商品本身出发，把与商品相关的关键点都呈现出来，同时加以简洁的文字说明，让用户切实地了解商品。这样，主图随同商品一起发布时，才能有效地提升商品的转化率。

掌握商品详情页设计策略，放大商品价值

商品的详情页主要用来对商品进行全方位的介绍，这些介绍的出发点主要包括商品的七个方面：质量、颜色、价格、功能、渠道、形象和造型。为了让用户更好地了解商品的基本情况，商家需要在商品详情页方面下功夫，将商品各个层面的优势完整地体现出来，放大商品价值，才可以更好地打动用户。

商品详情页设计原则

商品详情页对商品转化有着很好的促进作用。在设计商品详情页时，要注意以下四个原则，以保证其发挥更大的作用。

（1）深入地了解商品。商家在制作对应商品的详情页时，要先对上架的商品进行深入了解。尤其面对拼多多上同类商品较多的情况时，商家更需要对自己的商品进行充分了解，挖掘自家商品的特点与卖点，给用户足够的吸引力。

（2）以消费者的需求为出发点来设计详情页。商家在为一件商品制作详情页时，也要站在用户需求的角度去了解他们对一件商品保持着什么样的期待，他们希望商品能够解决他们的哪些需求，然后将这些用户的需求点放在商品详情页中，以激发他们的购买欲望。

（3）参考销量较高的同类商品来设计详情页。对于有同类商品存在的商品，商家在设计详情页时，可以对销量较好商家的详情页进行参考。通过对比，对自家的详情页进行改进与优化，来实现更好的营销效果。

（4）不断调整优化。商家将商品详情页整体设计完成之后，还需要通过不断地调整与优化，让文字、颜色和图片的搭配更加协调，使商品详情的展示效果更好。

商品详情页排版布局的三大要素

商品详情页的排版布局主要由图片、文字和配色三大要素组成。那么，这三者在为商品详情页服务的过程中，各自发挥哪些作用呢？

（1）图片。详情页中的图片，能使用户直观地感知商品的外貌、样式等整体结构。所以，商家要用优质、清晰的图片来重点突出商品的亮点、特殊功效等信息，并利用优质的细节图或证书图将商品的优势放大。同时，商品图片一定要真实，即真实地反映商品的颜色、大小等细节，以免图片与实体商品存在较大差距，给用户造成不完美体验，导致差评出现，给商家带来不好的影响。

（2）文字。详情页中的文字是用来对商品进行具体描述，这些描述可以是商品优点的介绍、注意事项的介绍、商品使用过后的感想与好评等。这些文字内容能留给用户一定的思考时间，从而增加用户在商品详情页面的停留时间，为商品转化提供必要的机会。不过，在详情页展示这些文字内容时，要使用一定的序号，以简明扼要地将具体的内容呈现给用户。在排版布局时尽量做到一屏一页，这样更适合手机端的竖屏阅读。此外，按以下屏幕图文结构布局形式来排版图文，会更有利于用户关注商品的重要信息，如图4-7所示。

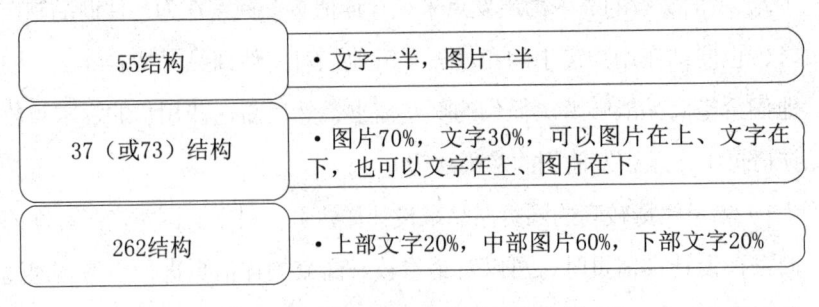

55结构	文字一半，图片一半
37（或73）结构	图片70%，文字30%，可以图片在上、文字在下，也可以文字在上、图片在下
262结构	上部文字20%，中部图片60%，下部文字20%

图4-7 屏幕图文的三种结构布局

（3）配色。为了利用色彩体现出商品详情页的格调，在设计商品详情页时，画面色彩也尽可能不要超过三色。最佳的配色比例是：主色70%，辅色25%，点缀色5%。同时，采用互补配色、相邻配色、间隔配色的技巧，让详情页更加符合大众的审美，具体内容见表4-3。

表4-3 详情页的配色技巧

配色技巧	特点	主要搭配	注意点
互补配色	画面更具备力量感和气势，能产生强烈的视觉冲击	红+绿、橙+黄、黄+紫	在两色之间选出主色调，控制画面色彩的比例
相邻配色	色调柔和协调，营造出温馨的感觉	黄+绿、绿+蓝、蓝+紫、紫+红、红+橙	更适合用于家居、棉织品、小清新服装等商品
间隔配色	使视觉冲击更加强烈，对比更加鲜明和活泼	红+黄、黄+蓝、蓝+红、橙+红、绿+紫	暖色更容易吸引用户的眼球，但是在进行色彩搭配时，要把握好重点信息展示的层次

商品详情页加分技巧

除了在宏观方面对详情页的设计进行把控之外，在微观操作层面，商家也可以使用一定的技巧来为商品的详情页加分，从而更好地促进商品转化。

（1）加入商品拼团指南，来确保用户准确下单。拼多多的部分用户可能不了解具体的拼团操作，因为会有很多用户直接选择自己开团，这样的话尽管开团的数量较多，但是成团的数量将会减少。所以商家可以将拼团指南放在详情页中，让买家熟练地使用拼团下单。

（2）将与商品相关的教程放在详情页中，体现店铺的专业程度。当商品较为罕见或在操作层面有一定的难度时，商家可以在详情页中加入相关的视频教程或图片教程，更能增加用户的信任感。

（3）将买家秀加入详情页中，展示商品的品质与说服力。买家秀能让其他买家对店铺商品的信任度和好感度增强，提升商品的说服力，促进商品的转化。

（4）将与商品相关的质检报告放入详情页中，给用户足够的说服力。在一些关系生命安全的食品与护肤品的详情页中，放入相关机构的安全检测报告及相关承诺书，能让消费者放下戒备心理，从而更加放心地购买商品。

第五章

熟悉日常运营策略，
让店铺生意火起来

拼多多商家在日常运营中需要想方设法地提升店铺的流量，为商品的转化创造机会。标题优化是带动店铺自然搜索的有效动力，同时，使用优惠策略可以提升用户的下单量，而日常的测试反馈又可以及时纠正店铺运营过程中的问题，将平台站内外的流量引入，从而有效地促进店铺的日常推广。如果将这些拼多多店铺的日常运营策略合理地使用起来，就能有效促进拼多多店铺的运转，推动店铺经营的持续发展。

优化标题,提升店铺商品曝光量

商品标题是让店铺获得搜索流量,提升店铺商品曝光量的关键。为了让拼多多店铺的商品获得很好的搜索流量,同时让店铺及店铺商品有一个很好的曝光量,商家就需要掌握一定的给商品取标题的技巧。

认识商品标题中的关键词

每一件商品的标题都是由一定的关键词组成的。关键词通常包括类目词、核心词、属性词和长尾词等。所以,要想给商品取标题,就需要先来认识商品标题中的这些关键词,见表5-1。

表5-1 标题关键词的类型

关键词类型	作用	举例
类目词	代表商品的类别	牛仔外套、针织衫等
核心词	商品通用叫法词	外套、裤子等
属性词	用来形容核心词	颜色、面料、型号规格等
长尾词	指"修饰词+核心词"	春季长款衬衫、夏季短款T恤等

这里的长尾词的搜索量虽然不是很高,但是它带动的转化率相对较高,对产品转化有一定的帮助。不过,长尾词不要使用过度,否则对商品流量及展现量会有一定的影响,所以,要尽量控制好关键词中长尾词的占比。

这四种关键词在标题中的重要性是有差别的,按照重要性从高到低排序,结果见表5-2。

表5-2 关键词的级别

级别	关键词类型
一级词	类目词、核心词
二级词	属性词+核心词或类目词,例如:紫色毛衣
三级词	两个属性词加一个核心词或者类目词,例如:蓝色长款大衣
四级词	2~3个长尾词构成

在这四种关键词中,属性词与类目词是比较容易选择的,根据商品的属性就能够确定;核心词与长尾词的选择有一定的难度,同时这两类词也是比较重要的。为了准确地选择出核心词与长尾词,就需要对商品进行定位,发掘它的调性、卖点、价格、目标用户等,据此来选择核心词与长尾词。

当商家在选择这些关键词方面存在一定的困难时,我们可以通过以下途径来获取商品的关键词。

(1)搜索下拉框。搜索下拉框中的标题名称是买家热门搜索的体现,这里集中了与某一商品相关的大部分的热门搜索,它们是商家拟定商品标题的重要参考,如图5-1所示。

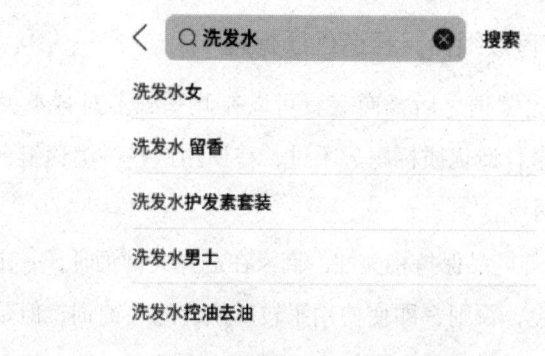

图5-1 搜索下拉框中的关键词

（2）后台数据中心。拼多多商家还可以在拼多多后台数据中心的流量数据中查找"商品热搜词"，从而为自己的商品选择出合适的关键词，如图5-2所示。

图5-2 拼多多后台数据中心的商品热搜词页面

（3）搜索推广关键词推荐。商家在设置搜索推广的关键词时，平台会自动推荐搜索关键词，这些关键词将会成为商家给商品取标题的借鉴。

利用关键词的有效组合，打造优质标题

在了解了各类关键词之后，商家就可以在此基础上对各类关键词进行有效的组合，以此来打造优质标题。不过，在使用这些关键词组合商品标题时，还要注意以下两点。

（1）关键词要与商品保持相关性。商家在选择关键词时，一定要让关键词与商品保持相关性，否则，即使使用了较高热度的关键词，但是当买家搜索到商品时，发现自己看到的商品与自己想要的商品不一致，买家也不会下单，所以这样的关键词对商品转化没有作用。

（2）新品上架时要避免大词和热词。新品刚刚上架时，都是零销量和零评价的，权重非常低，不适合使用一些大词和热词，即使出价做搜索引擎推广，也不能有效地提升商品排名。所以，此时要以竞争小且有热度的词为主，从而避开与高销量商品之间的竞争。

基于这样的认识，商家在给商品取标题时，可以使用这几种关键词的组合方式，见表5-3。

表5-3 标题关键词的一些组合方式

标题组合方式	具体内容
方式一	品牌词 + 类目词 + 核心词 + 属性词
方式二	热搜词 + 核心词 + 营销词 + 产品卖点
方式三	下拉框词 + 核心词 + 长尾词 + 冷门词

比如，我们要为一款帆布鞋取标题名，首先，确定核心词是"帆布鞋"；其次，确定热搜词与长尾词，这时我们可以点开拼多多App的搜索框，会看到"帆布鞋女学生韩版""帆布鞋女""帆布鞋男""帆布鞋女夏天"等，然后搜索"帆布鞋女夏天"，会有"透气""百搭""高帮""学生"等；最后，用这些关键词来组合标题，确定出这样一个标题名：韩版帆布鞋夏天透气高帮女学生鞋子。

商家在组合这些关键词给商品取标题名时，还需要注意关键词之间的语序，一定要让组合出来的关键词在语序上保持顺畅，读起来通顺。如果在组合过程中关键词数量不够，那么商家可以查看所有同类商品的热销排序，点击排名靠前的商品标题，选取这些标题中与自己商品相关的关键词。此外，商家还可以将商品的品牌名、功能、属性、特点等词加到标题中。

运用优惠策略，促进用户下单

在拼多多店铺刚刚起步的阶段，商家对一些店铺运营技巧的使用还不是很成熟，此时为了增加店铺的销量，商家可以使用优惠策略，如使用优惠券来带给用户很多的实惠。使用优惠券，可以有效地促进用户下单，从而为店铺积累足够的客源与人气，为店铺日后的推广与活动等打下基础。

商品立减券：实现新品破零

商品立减券是单个商品可用的无门槛优惠券。作为一种营销工具，它能有效地调整商品价格，对店铺初期的商品转化以及新品破零与销量增加具有重要作用。商家使用商品立减券时，需要到拼多多后台进行相关的操作才可以实现。具体的操作步骤如下。

（1）进入拼多多管理后台，在"店铺营销"中选择"营销工具"，在"全部工具"中选择"优惠券"，如图5-3所示。

（2）进入优惠券页面可以看到，在"优惠券概览"菜单中有"商品立减券"等优惠券，如图5-4所示。

第五章　熟悉日常运营策略，让店铺生意火起来

营销工具

官方推荐

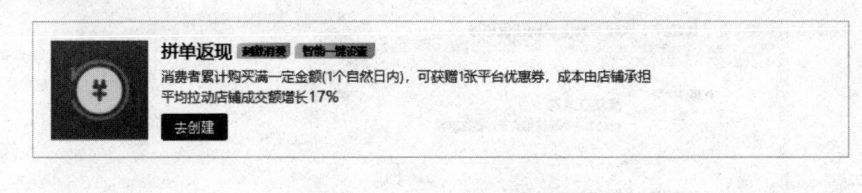

拼单返现 刺激消费 智能一键设置
消费者累计购买满一定金额(1个自然日内)，可获赠1张平台优惠券，成本由店铺承担
平均拉动店铺成交额增长17%
去创建

全部工具

| 拼单返现 | 优惠券 | 限时限量购 | 分期免息 | 多件优惠 | 交易二维码 | 限时免单 |
| 催付助手 | 累计全网销量 | 分享店铺 | 短信营销 |

图5-3　在"全部工具"中选择"优惠券"

优惠券概览　优惠券管理　数据效果

营销效果　　　　　　　　　　　　　　　　　**经验分享**　　　　　　　　　　　查看更多>

累计领取用户数	累计转化用户数	累计拉动成交总额(元)

- 你不了解的优惠券规则都在这里
- 【FAQ】商家常见问题答疑
- 【店铺关注券】巧设优惠券，获取店铺粉丝

优惠券类型 优惠券说明

● 促客单+促转化 通过优惠券让利，提高消费者的下单转化率和客单价 教程

商品立减券 HOT 商品券	**全店满减券** 店铺券	**店铺关注券** HOT 店铺券	**多件多折券** new 店铺券
爆款促销 交易额破零	凑单优惠	粉丝获取	提升客单
针对单一商品使用的无门槛优惠券	消费者店铺内消费达到一定金额，即可使用	消费者关注店铺即可获得的优惠券	一次买多件商品可享受折扣优惠，购买越多折扣越大
立即创建 >	立即创建 >	立即创建 >	立即创建 >

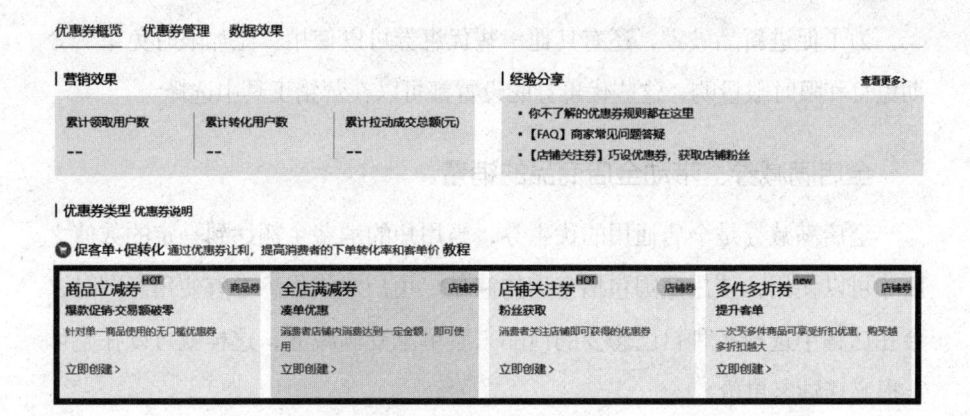

图5-4　优惠券页面

097

（3）单击"立即创建"，填写完优惠券的优惠信息之后，单击"创建"，即可完成优惠券的创建工作，如图5-5所示。

图5-5 商品立减券的创建

为了促进新品破零，还有其他一些优惠券可以使用。比如限时免单、分期免息和限时限量购，这些优惠券的设置都可以在营销工具中选择。

全店满减券：带动全店商品的销量

全店满减券是全店通用的优惠券，当用户的消费金额达到一定的数值之后才可以使用，使用范围包括全店的商品。用户对该优惠券有使用意图时，会在店铺中选择多种自己想要的商品来凑单享受满减券，这样就可以在整体上提高店铺客单价。

可在"营销工具"中创建全店满减券，具体操作如图5-6所示。

第五章 熟悉日常运营策略，让店铺生意火起来

营销工具 > 优惠券 > 创建优惠券

| 填写优惠信息

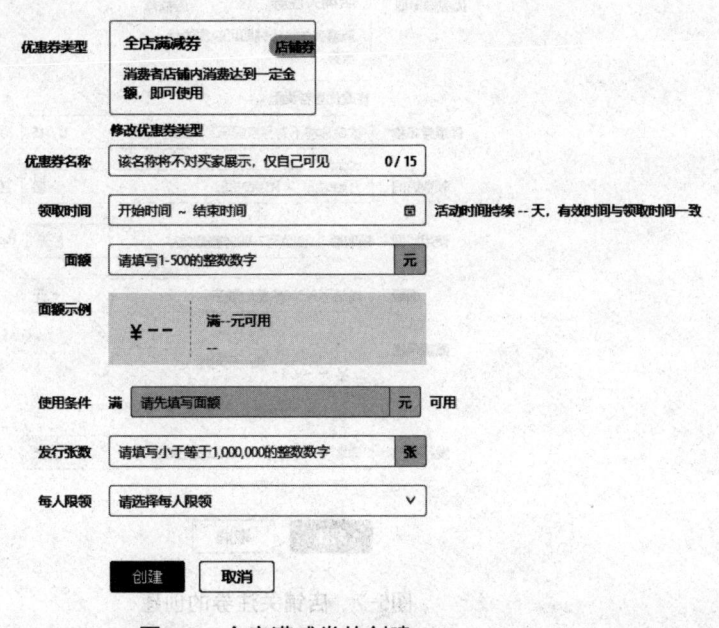

图5-6 全店满减券的创建

店铺关注券：为店铺带来更多的粉丝

店铺关注券是用户关注店铺后才能使用的优惠券。这种优惠方式在发券的同时为店铺积累了粉丝。店铺关注券的券面金额必须为5元以上的无门槛店铺券。通过优惠券让利，能为商家积累店铺粉丝，从而促使用户复购等行为发生，能帮助商家更好地经营店铺。

可在"营销工具"中创建店铺关注券，具体操作如图5-7所示。

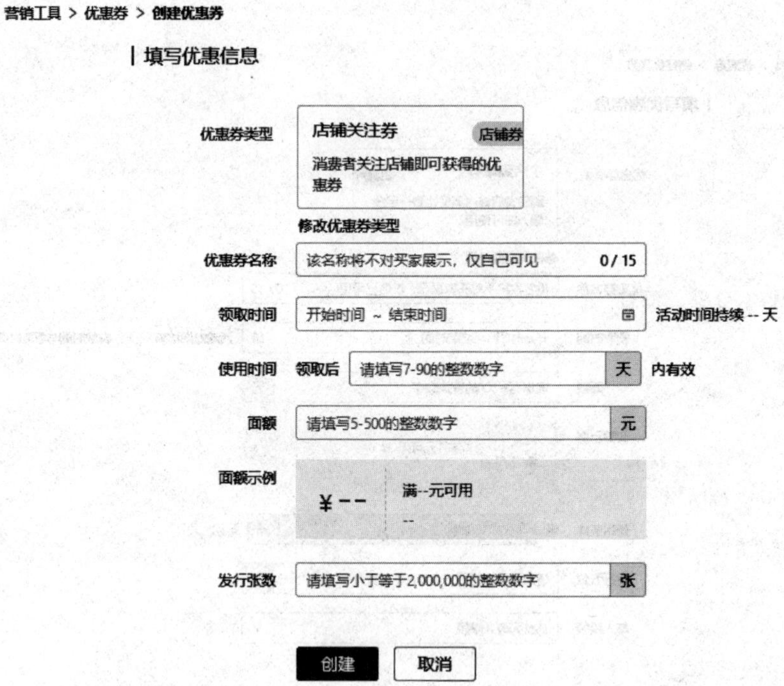

营销工具 > 优惠券 > 创建优惠券

| 填写优惠信息

优惠券类型	店铺关注券　　　　　　　　店铺券
	消费者关注店铺即可获得的优惠券
	修改优惠券类型
优惠券名称	该名称将不对买家展示，仅自己可见　　0/15
领取时间	开始时间 ~ 结束时间　　　　　　　📅　活动时间持续 -- 天
使用时间	领取后　请填写7-90的整数数字　　天　内有效
面额	请填写5-500的整数数字　　　　　元
面额示例	¥ --　　满 -- 元可用
发行张数	请填写小于等于2,000,000的整数数字　张

创建　　取消

图5-7　店铺关注券的创建

多件多折券：提升店铺成交总额

多件多折券的通俗叫法是多件优惠券。这是一种店铺折扣券，当消费者一次性在店铺中购买的商品达到一定件数时，所购买的商品就可以享受特定的折扣优惠，而且购买越多，折扣越大。多件多折券极大地促进了消费者拼单购买的欲望，从而能有效地提升店铺客单价，拉动店铺GMV（Gross Merchandise Volume，成交总额）增长。

可在"营销工具"中创建多件多折券，具体操作如图5-8所示。

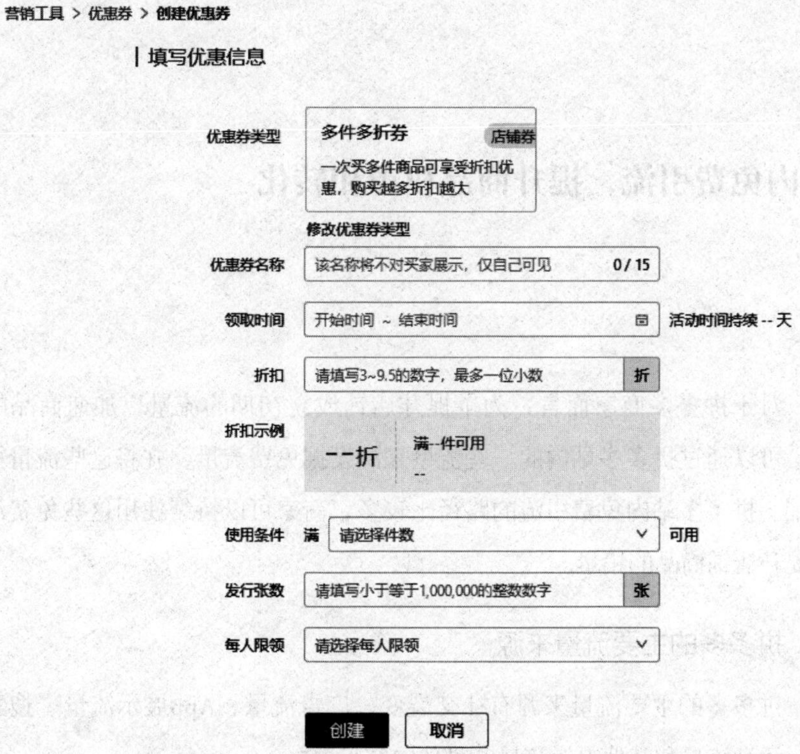

营销工具 > 优惠券 > 创建优惠券

| 填写优惠信息

优惠券类型	多件多折券　店铺券 一次买多件商品可享受折扣优惠，购买越多折扣越大 修改优惠券类型
优惠券名称	该名称将不对买家展示，仅自己可见　0/15
领取时间	开始时间 ~ 结束时间　　活动时间持续 -- 天
折扣	请填写3~9.5的数字，最多一位小数　折
折扣示例	--折　满--件可用 --
使用条件	满　请选择件数　　可用
发行张数	请填写小于等于1,000,000的整数数字　张
每人限领	请选择每人限领

创建　取消

图5-8　多件多折券的创建

拼多多后台有诸多的优惠券工具可供卖家使用，这些优惠券涉及新店破零、获取流量、用户关怀。拼多多商家在经营店铺的过程中，可随时根据需求增加相应的优惠券来刺激店铺的销量增长，为店铺运营注入活力。

站内免费引流,提升商品权重和转化

对于拼多多商家而言,为了提升店铺成立初期的流量,加速商品的转化,可以通过拼多多站内的一些流量来源发掘免费流量,并将这些流量引入店铺。拼多多站内免费引流的路径比较多,商家可以持续使用这些免费流量来提升店铺商品的销量。

拼多多的主要流量来源

拼多多的主要流量来源有社交裂变、广告流量、App展示流量、搜索流量、活动流量和其他渠道流量,具体内容见表5-4。

表5-4 拼多多的流量来源

流量来源	具体形式
社交裂变	砍价免费拿、多多果园等
广告流量	CPT投放、合约定价CPM、签到领现金、CPC搜索广告、CPC场景广告、竞价CPM、明星店铺推广、数据银行推广、品类关键词库、短信营销等
App展示流量	首页开屏、首页banner、类目页banner、个人中心banner、聊天置顶banner、首页icon、新人专区、App推送消息等
搜索流量	指自然搜索,主要有首页横滑展示位、首页单坑位的所有流量

(续表)

流量来源	具体形式
活动流量	限时秒杀、品牌清仓、名品折扣、爱逛街、食品超市、时尚穿搭、新品推荐、微信公众号推文、微信公众号消息、领券中心等
其他渠道流量	多多进宝、会员短信、微信群、QQ群、微博发文

拼多多站内的免费引流渠道

拼多多站内有诸多流量入口，这些流量入口既有免费流量，又有付费流量。在店铺成立之初或店铺规模较小时，我们可以先从免费流量着手，利用免费流量来提升店铺的成交额。免费的引流入口主要有以下四个。

1. 来源于微信社交裂变下的流量

拼多多作为社交电商，用社交裂变引流是不言而喻的。比如，诸多用户在微信社交群接触的"砍价免费拿"，就是最基本的社交引流变现。这种好友砍价形式是非常好的营销手段，商家可以在拼多多中发布需要推广的产品或服务，然后制定一个原价和一个活动优惠价，规定好相应的砍价人数。当有用户打开活动链接时，就可以将链接分享给微信好友，进而邀请好友帮忙砍价，邀请的人越多，商品价格被砍得越低，用户甚至可以免费拿到商品。

拼多多的"砍价免费拿"是一种非常有效的社交裂变引流方式。当用户砍价成功之后，必将引来用户的下单消费，而且商家还可以通过砍价活动获取用户的信息，再通过有效的营销信息将这些用户的消费欲望给激发出来，从而为店铺商品的转化提供优质的流量。所以，"砍价免费拿"是商家非常重要的一个营销工具。

2. 来源于拼多多小程序的流量

在微信小程序成为营销工具之后，拼多多小程序也顺势而为，丰富了拼多多平台店铺的引流路径。就拼多多小程序而言，它的购物页面几乎与拼多多App具有同样的功能，首页导航栏也有丰富的特色功能（多多矿场、买过的都说好等），这可以很好地吸引用户参与到相应的优惠活动当中。借助微信平台的背景，商家还可以通过扫码推广、分享推广、公众号推广等形式来获取小程序的流量。

3. 来源于搜索优化的流量

在推广单品时，为了获得有效的流量，商家可以通过标题优化带来的搜索流量促进单品转化。具体做法是：通过搜索下拉框找到高热度的长尾词；在App上搜索同类商品并浏览，再次进入App时即可看到与商家商品相关的热搜词；商品展示页的属性词也是标题当中的关键词，商家可以搜索与自家商品类似的商品，然后将与自家商品相关的属性词选择出来。将这些长尾词、热搜词与属性词进行组合，同时尽量不要拆分热搜度较高的词。这样高度精练的商品标题，能为商品引来丰富的搜索流量，对商品转化具有很好的作用。

4. 来源于类目权重的流量

用户在拼多多上购物时，还会通过类目导航来搜索商品，所以拼多多商家可以通过提升商品的类目权重来增加商品的展现机会，使商品获得更好的类目排名，从而为转化提供可能。

站外多渠道免费推广，获取潜在流量

在拼多多店铺的日常经营中，除了使用拼多多平台站内的流量之外，还可以使用微信、微博、社群、自媒体与短视频等站外渠道的流量。在这些站外渠道中，微信与拼多多的联系及引流关系是浑然天成的，商家只要在拼多多平台上进行简单的分享操作，就可以将拼多多的商品信息分享到微信朋友圈，分享给微信好友。而其他站外渠道的引流操作会各有不同，我们只要熟悉这些渠道的引流操作方法，就可以将它们引入拼多多平台当中。

来自微博渠道的流量

在微博上，用户经常会通过小短文来表达自己的一些感想和情绪，只要将简短的文字发布，就可以利用便捷的互联网将自己的信息快速传播出去。再加上微博本身的信息传播能力特别强，所以微博也被很多商家用来做商品营销。当然，微博也有一些缺点，比如，信息的碎片化程度严重、评论关联性较差、信息表现能力较弱等。所以，并不是所有商家的店铺都可以使用微博这条引流渠道，因为微博就是一个话题与热点的诞生地，只有那些本身具有足够影响力的内容，才可以在微博上有较强烈的反响。

因此，对于那些适合在微博上引流的商品，我们可以将该商品的链接放到微博短文中，同时输入与商品相关的文字信息，插入与商品相关的图片，即可形成一篇图文兼备的微博短文。发布该微博短文后，微博用户看到它时会点击商品链接，在微博中快速打开商品详情页。

要想用微博成功地为商品吸粉，商家就需要提供微博用户感兴趣的内容，这样微博用户才会围绕这样的内容产生互动，从而使微博用户逐渐转化为商品用户。

来自社群渠道的流量

社群本就是一个营销渠道，这种新型营销模式的核心是让企业与用户之间建立类似朋友的关系，让企业与用户之间的营销关系不再是因为广告的促进而发生，而是因为彼此之间存在感情基础而发生。

所以，拼多多商家就可以对自己商品的相关用户建立社群，将商品的用户集中到社群中。在社群建立初期，商家要注重店铺与用户之间的感情培养，不可随意发广告，利用社群管理的策略来促进社群的日常运转。当社群的粉丝有了一定的活跃度之后，就可以制定一定的推广战略。

商家在制定社群营销战略时，要将店铺中的商品描述明白、清楚，分享信息时要有自己的观点，要及时地点赞和点评。当然，商家分享的东西必须是正向的、积极的，这样才可以为店铺塑造品牌形象。商家在运营社群时，还需要掌握一定的技巧。比如，在微信社群的运营中，商家就需要掌握三方面的技巧，如图5-9所示。

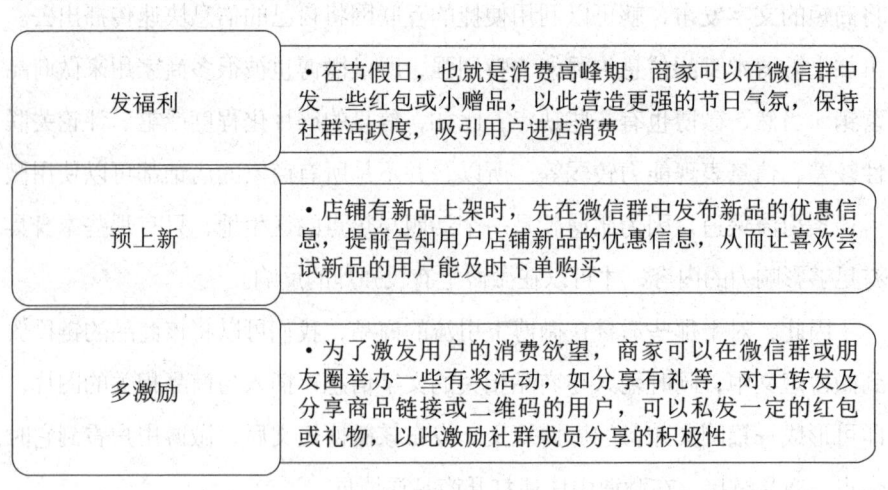

发福利	• 在节假日，也就是消费高峰期，商家可以在微信群中发一些红包或小赠品，以此营造更强的节日气氛，保持社群活跃度，吸引用户进店消费
预上新	• 店铺有新品上架时，先在微信群中发布新品的优惠信息，提前告知用户店铺新品的优惠信息，从而让喜欢尝试新品的用户能及时下单购买
多激励	• 为了激发用户的消费欲望，商家可以在微信群或朋友圈举办一些有奖活动，如分享有礼等，对于转发及分享商品链接或二维码的用户，可以私发一定的红包或礼物，以此激励社群成员分享的积极性

图5-9 微信社群的运营技巧

来自自媒体与短视频的流量

一些热门的自媒体平台，同样是拼多多商家引流的渠道，如今日头条（头条号）、一点资讯（一点号）、搜狐公众平台、简书、腾讯内容开放平台（企鹅号自媒体平台）、百度自媒体平台（百家号）、阿里大文娱平台（大鱼号）和网易新闻（网易号）等。

比如，商家使用今日头条发布文章时，可以将图片、视频、音频等多媒体插入其中，同时还可以将第三方平台的商品插入文章之中。除此之外，商家还可以在自媒体平台的内容中植入商品广告。

如今，抖音、快手等短视频平台越来越被商家重视，在这些视频平台上发布商品短视频，或者直接做商品的直播，都是很好的商品引流方式。而且随着人们对直播带货的重视，越来越多的商家开始追随直播营销。

在这些自媒体及短视频平台中植入商品广告或商品的相关视频，都能有效地给商品引流，潜移默化地为商品带来流量。

来自SEO与UEO优化的流量

当店铺的搜索排名和流量都不太理想时，商家还可以从SEO（Search Engine Optimization，搜索引擎优化）与UEO（User Experience Optimization，用户体验优化）两方面来着手，力求让店铺在搜索引擎中的排名得到提升，同时改善网站的功能、操作、视觉等与用户息息相关的要素，让用户在网站上的体验更好，从而喜欢上店铺，以此来为店铺引入所需的流量。

SEO与UEO相结合的优化方向有：让站内内容的独特性、新颖性和原创性更高；做好长尾关键词的优化；与商品行业相关的第三方网站引流；兼顾推广自身店铺和照顾用户体验。

使用测试技巧，及时发现店铺的运营问题

在拼多多店铺运营的过程中，某些商家可能会出现这样的情况：店铺初期的销售额很好，但是经过一段时间的经营之后，也就是店铺初期活动结束之后，店铺的销量则开始下降。店铺之所以出现这种情况，在很大程度上与店铺商品没有得到市场认可有关。所以，拼多多商家在店铺运营的过程中，要适时地使用一些测试技巧（店铺推荐位测款、活动测款、搜索推广测款），及时发现店铺经营过程中存在的问题，以便可以有效地调整经营策略，从而保持店铺销量的稳定。

使用店铺推荐位测款，了解最受欢迎的商品

使用店铺推荐位测款的前提是，这些款式的商品已经有了一定的销量，具体的测款操作需要在店铺管理后台中的"商品关联推荐"中进行。

首先，进入商品管理页面，在商品工具项目中找到"商品关联推荐"，如图5-10所示。这时店铺已经有了一定的销量，需要对这些商品的评价进行记录，同时客服也要收集一些用户的评价信息，进而确定用户更看重商品的哪些点。在此基础上再对商品相关的访客数、支付转化率、收藏数、订单数据等进行记录。结合这些商品销售方面的信息与数据，我们就可以找到哪些商品更受用户欢迎。

图5-10　商品关联推荐页面

使用活动测款，发现更受用户欢迎的商品

活动测款，就是商家参加一些拼多多平台的营销活动，如"限时秒杀""9块9特卖"等。这些活动的报名门槛都比较低，只要店铺交纳正常的保证金，就可以报名。

拼多多平台上的活动有很多，但是并不是所有的活动都有测款的作用，最常见的测款活动有"新品活动"和"限时秒杀"。

新品活动比较适合新商家。商家在平台发布新商品后，当商品满足可被系统识别为平台新品和店铺DSR评分合格（若无DSR评分，则要求领航员指标良好）这两个条件时，就可以报名参加新品活动了。然后在活动中对商品的点击率、转化率等进行统计，从而实现测款的目的。

限时秒杀活动更看重商品的销售速度。一款商品售罄所花费的时间越短，说明该款商品受欢迎的程度越高，商品就越能够满足用户的需求，这样店铺就可以把该款商品作为店铺的主打款。

三步完成搜索推广测款测图

搜索推广测款测图也是一个比较有效的商品测试方法。使用搜索推广测款测图，需要三步来完成。

首先，做好商品标题的优化。优化标题是进行搜索推广测款测图的关键，因为推广活动一旦开始，标题不适宜进行二次修改，所以在搜索推广测款开始之前，我们就要先对商品的标题进行优化，选用与商品精准匹配的关键词组成商品的标题。

其次，一次测款的数量不宜过多。做搜索推广测款时，一次最好选择1~5个商品，不要超过10个商品，然后对每一个商品新建推广计划，并且准备10~15个或者20~30个精准的关键词，便于买家更快地搜索到该商品。

最后，搜索推广计划的投放时间要合理。在投放搜索推广计划时，最好选择拼多多平台人流量较高的时间段，一般的商家都会选择早上8点到晚上12点的时间段来进行搜索推广计划投放。该时间段正好是平台终端买家消费行为发生的主要时间段，因此商品在这样的时间段会有更多的转化机会。

商家在销量低迷的情况下，可以选择这三种测试方法对商品进行测试，及时发现店铺商品存在的问题，并积极响应，做到快速、精准地改进，从而增加商品的下单量。

第六章

平台各大推广工具，
是店铺引流的最佳帮手

拼多多平台上的店铺引流工具是比较丰富的，除了免费的引流工具之外，还有一些付费推广引流工具，比如搜索推广、场景推广、多多进宝推广以及其他一些引流工具，都能为店铺带来充裕的流量。当店铺有了一定的基础销量时，免费的站内外流量可能已无法支撑店铺的运营需求。这时，商家就可以适时地使用这些付费推广引流工具，以此来提升店铺的曝光率和点击率，让这些付费推广工具发挥出更大的作用，从而为店铺商品的转化提供更多的机会。

多多搜索推广：稳定的曝光度为商品精准引流

多多搜索推广，是指拼多多商家通过购买一些与店铺商品相关的商品关键词，让店铺的商品在平台同类商品中脱颖而出，获得更高的质量分，从而快速出现在买家搜索页面的一种推广方式。

所谓质量分，是衡量关键词与商品推广信息及拼多多用户搜索意向相关性的综合性指标。它以10分制的形式呈现，分值越高，获得的流量越大，从而实现更理想的推广效果。从整体来说，搜索推广是一种成本比较低的引流方式，它的特点是按点击收费，展现不收费。

确定关键词，创建搜索推广计划

商家要想进行搜索推广，首先要为推广商品选择可靠的关键词。只有选择好了与商品相关的热搜词、系统推荐词、搜索下拉词、第三方软件推荐词，搜索推广才能取得较好的效果。

关键词确定之后，就可创建搜索推广计划。搜索推广计划可在拼多多管理后台的"推广中心→多多搜索→推广计划→新建计划"中创建，如图6-1所示。不过商家在为新品创建搜索推广计划时，有这四条渠道可供选择：第一，选择已有的一个推广计划来创建；第二，新建推广计划后继续添加商品推广；第三，添加商品推广之后继续添加计划；第四，新建一个全新的搜索推广计划。

第六章 平台各大推广工具,是店铺引流的最佳帮手

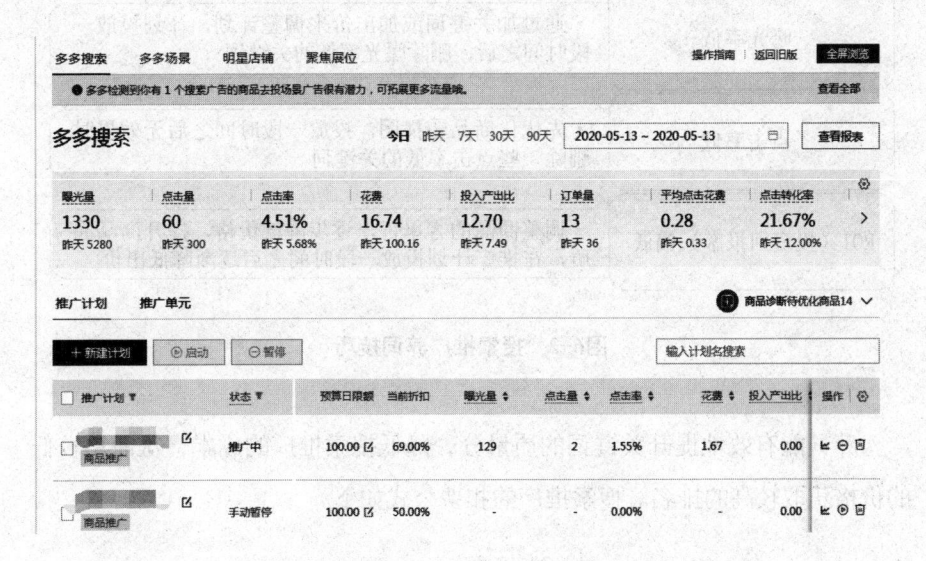

图6-1 搜索推广计划的创建

搜索推广计划创建完成之后,商家可以通过"推广中心→推广概况"来查看推广计划的实时数据及历史数据,并且根据数据反馈来做好推广计划的优化。

当然,为了让推广计划发挥出最好的作用,商家在选择商品做推广计划时,要尽量选择销量较好、评价较好的商品,这样的商品在推广计划助推下的转化率会有一个更明显的提升。并且在推广计划执行期间,商家要定时对推广计划的数据进行检查,根据曝光量的数据来调整出价,同时根据关键词的点击率来设定更合适的关键词。

掌握养词技巧,提升商品关键词的质量分

为了让搜索推广的关键词更加精准、人气更高、相关性更强,商家就要用养词技巧来提升不同情况下的关键词的质量分,具体内容见图6-2。

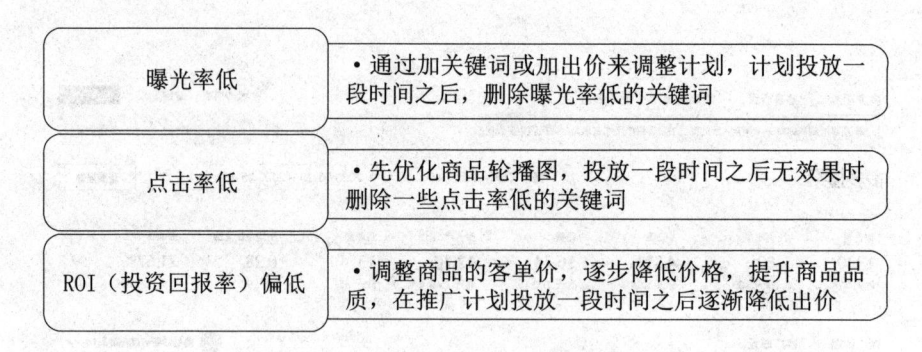

```
┌─────────────────┐    ┌──────────────────────────────────────┐
│     曝光率低     │───▶│ • 通过加关键词或加出价来调整计划，计划投放一 │
│                 │    │   段时间之后，删除曝光率低的关键词         │
└─────────────────┘    └──────────────────────────────────────┘

┌─────────────────┐    ┌──────────────────────────────────────┐
│     点击率低     │───▶│ • 先优化商品轮播图，投放一段时间之后无效果时 │
│                 │    │   删除一些点击率低的关键词               │
└─────────────────┘    └──────────────────────────────────────┘

┌─────────────────┐    ┌──────────────────────────────────────┐
│ ROI（投资回报率）偏低│───▶│ • 调整商品的客单价，逐步降低价格，提升商品品 │
│                 │    │   质，在推广计划投放一段时间之后逐渐降低出价 │
└─────────────────┘    └──────────────────────────────────────┘
```

图6-2 搜索推广养词技巧

养词能有效地提升关键词的质量分，降低搜索推广的成本，从而用较低的价格获取较高的排名。搜索推广的扣费公式如下。

实际点击扣费=（下一名出价×下一名质量分）÷自己的质量分+0.01

从该公式来看，商家需要尽可能地提高自己的质量分，这样才能有效地降低点击费用。为了提高关键词的质量分，商家就需要及时根据搜索推广的效果删除与商品匹配性差的关键词，用匹配性更强的词来提升自己的质量分。

搜索推广关键词的出价设置与优化

商家创建完搜索推广计划之后，还可以对每个关键词进行出价设置。更改商品出价有两种方法可用。

一是在推广计划列表页，点击相应的推广计划名称，进入单元列表，点击推广单元名称，进入单元详情页，进行改价操作。

二是在推广中心的推广概况页面，点击单元列表页，找到要修改的单元，点击单元名称进入单元详情页，进行改价操作。

关于关键词的出价，目前只能通过在关键词添加处查看一些行业大词来估算行业的大体出价。不过，在具体进行推广出价时，还要根据实际账户的推广预算与流量情况来调整，可以先出到该词的市场均价。大部分商家在使用搜索推广计划时，都采取逐步提价的策略出价，一直延续到商品曝光。这种出价方法虽然能节约推广成本，但是该出价方式的周期较长，比较浪费时间，甚至有可能让商品错过最佳推广时机。此外，商家还可以使用分时折扣出价功能，设置系统自动调整出价，能让流量高峰期和低峰期的出价更加精准。

多多场景推广：私域流量促进商品转化

多多场景推广是面向全网精准流量实时竞价的展示推广平台，海量的优质资源位及精准的定向人群投放，为广大广告主带来了丰厚的投入回报。多多场景推广的基本原理是：凭借优质资源位，以商品和店铺展示为基础，以精准定向为核心，面向全网精准流量进行实时竞价。多多场景推广支持按点击付费（展现不扣费），为商家提供精准定向、效果监测等服务，帮助商家实现商品的定向推广。

多多场景推广的概况

1. 认识多多场景推广

多多场景推广是私域流量获取和应用的利器，商家在需要投放广告的场景中，选择相应的商品，进行展示设计，就可以向精准用户投放相应的推广计划，同时还能根据推广计划的曝光量以及点击数据等来对推广计划进行更进一步的优化。多多场景推广通过"推广中心→多多场景→推广计划→新建计划"的途径来创建，如图6-3所示。

2. 多多场景推广的排名规则

在具体的应用场景下，推广工具的应用按照以下两个原则实现排名。

（1）推广商品必须在定向覆盖人群中，然后再根据综合排名（商品质量分×广告出价）来排序。其中，商品质量分与商品销量、点击率等因素相关。

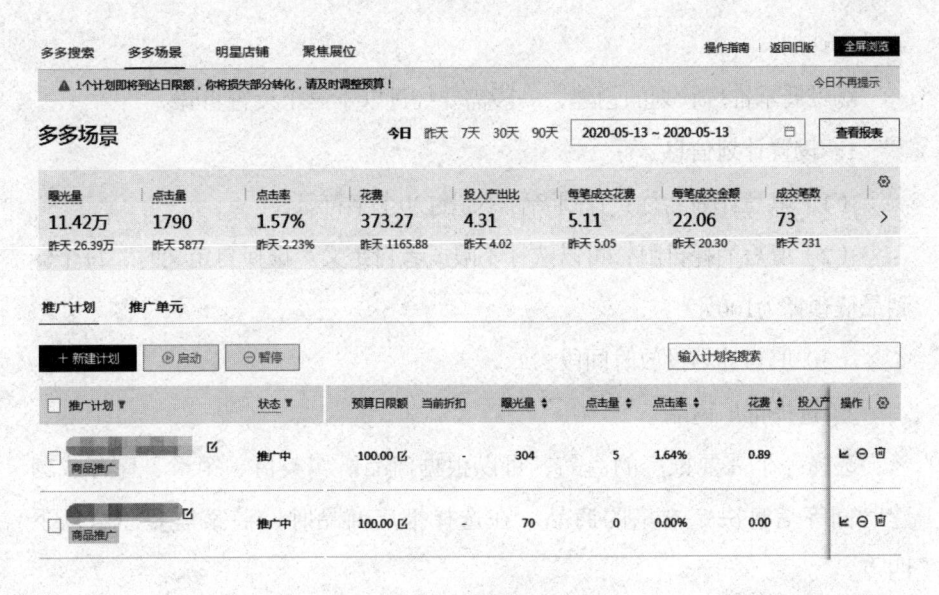

图6-3 多多场景推广的创建

（2）推广店铺必须在定向覆盖人群中，然后再根据综合排名（店铺质量分×广告出价）来排序。其中，店铺质量分与商品销量、DSR评分等因素相关。

3. 多多场景推广的扣费规则

多多场景推广按单次点击扣费（展现不扣费）。同一个买家对同一个推广商品或店铺多次点击只记一次，虚假点击将被系统过滤，不计入扣费中。

此外，多多场景推广的渠道覆盖全网精准流量，主要是移动端的手机App及拼多多H5商城。其具体的应用场景主要有商品类目页、现金签到页、多多果园游戏页、商品详情页的"相似商品"区等。这种场景推广方法具有一箭双雕的作用，有利于单品爆款和店铺品牌的打造。

多多场景推广计划的创建流程

多多场景推广计划在拼多多管理后台的推广中心页面创建，通过"推广中心→推广计划→场景展示"实现。同时，在这里还可以查看已有的场景展示推广计划。

场景展示推广计划的创建,一般需要经过以下三个设置步骤。

1. 设置计划信息

(1)填写计划名称:计划名称不超过30个字符。

(2)填写消耗日限:可以选择不限或者自定义。选择自定义时,每个计划最低预算为100元[①]。

(3)填写计划投放时间段。

2. 选择推广商品

选择一个需要推广的商品,可以根据商品所属类目、销量、库存或创建时间等信息决定推广的商品。在选择推广商品时,商家需要注意以下四点。

(1)选择有成交基础、性价比高的商品进行推广,对买家才有吸引力。

(2)相同类型的商品,每类选择1~3款进行推广。

(3)选择多种类型的商品,满足不同类型买家的购买需求。

(4)如商品太多,可以输入商品ID查询需要添加的推广商品。

3. 定向人群/资源位设置

人群定向包括五个方面,具体内容见表6-1。

表6-1 定向人群的五个方面

类别	具体内容
访客重定向	浏览或购买过店内商品的用户
相似商品定向	浏览或购买过相似商品的用户
叶子类目定向	近期有推广商品所属叶子类目行为的用户

---

① 如当前计划达到预算日限额,计划下的所有推广商品将下线,第二天0点自动启动上线;如推广计划因达到预算日限额下线,可以通过调整预算日限额使推广计划立刻恢复上线。

(续表)

类别	具体内容
相似店铺定向	近期对店铺的竞品店铺感兴趣的用户
兴趣点定向	近期对商品的相关属性感兴趣的用户

推广计划的人群出价需比普通用户点击价至少高10%，这样才能获得更好的推广效果。

在定向人群设置完成之后，就需要对资源位进行设置，也就是商家根据自己的需要选择合适的溢价资源位并出价。这些资源位主要包括商品类目页、商品详情页、营销活动页等。

场景展示推广的资源位比较多，因此商家的选择较多。但是，商家在选择这些资源位时，最好优先选择活动资源位。因为该资源位不仅能帮助商家增加商品的曝光量，还能增加商品被买家看到和关注的概率，从而实现商品的快速转化与推广。

优化商品体验，场景创意提升商品转化

为了让场景推广计划的效果更好，商家还可以从商品体验优化方面着手，通过更加优化的购物体验，提升商品转化率。优化商品体验的具体内容见图6-4。

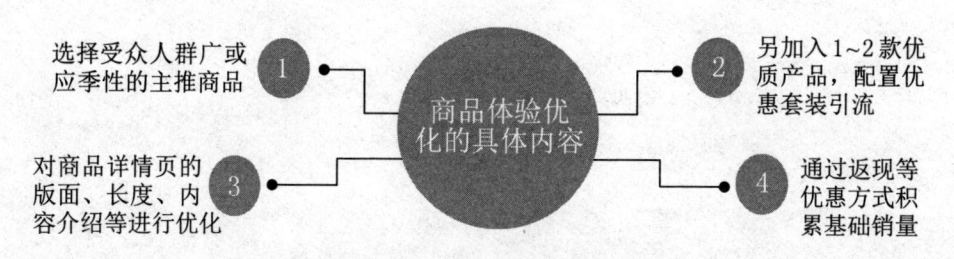

图6-4 产品体验优化的具体内容

这样，在优化商品体验的基础上，为了继续提升商品的转化率，我们还可以从场景创意的角度出发，用创意图和创意标题展现推广广告位上的商品。目前，每个商品支持从轮播图中选择四个轮播图作为创意图，多个创意在广告位上会获得均等的曝光机会，从而达到测试商品主图和标题的效果。

在场景推广设置、推广计划投放完成之后，商家就可以通过推广概况实时了解场景展示推广的效果及详情。

多多进宝：用流量推手实现商品推广

多多进宝是拼多多平台一个零门槛、按成交付费的产品推广工具。多多进宝的推广者是站内外的众多百万级流量推手，这些推手所具有的优势资源能让产品销量在短时间内实现暴量增长。拼多多新手商家要想迅速打造爆品或者有紧急冲销量上活动的需求时，可以尝试使用多多进宝推广工具。

多多进宝的推广机制

多多进宝作为一个站内外的推广工具，它之所以可以完成商品推广，主要与多多进宝的推手有关，这些推手又被称作"多多客"。多多客可以是个人，也可以是团队或公司。多多客一般是依据自己的百万级流量来为拼多多商家推广商品的，而拼多多商家按商品的成交效果向多多客支付佣金。推手达成的交易越多，就能获得越多的收益。商家可以到大淘客网、QQ群、微信群等处寻找到合适的多多推手。

如果商家要做的是一般的推广活动，那么选择一般推手就可以；如果商家要进行高要求的推广活动，那么就需要使用专属团队推手。商家在使用多多推手时，这些推手背后强大的粉丝团队能帮助拼多多商家迅速提升访问量和销量。

因此，多多进宝在商品推广方面具有非常高效的作用，主要表现为以下四点，如图6-5所示。

累积销量	• 对销量较低的商家而言，多多进宝能够帮助商家快速实现销量积累，对后期采用其他推广工具引流具有重要的作用
积累权重	• 积累权重有助于提高店铺商品的搜索排名
拓宽渠道	• 进一步拓宽引流渠道，站内外全方位推广
推荐引流	• 单品推荐为全店商品引流，提升店铺的知名度和用户黏性

图6-5　多多进宝的作用

多多进宝的使用设置

拼多多商家可以依据合理的佣金来吸引推手，从而帮助店铺提升商品销量。在使用多多进宝引流时，商家首先需要在多多进宝模块对全店的推广佣金比率进行设置，即可开通多多进宝推广服务，如图6-6所示。

只需一步，即可开通多多进宝

设置全店推广佣金比率，最低成交的1%即可

5%　　　　　　　　　%

软件服务费比率：NaN%

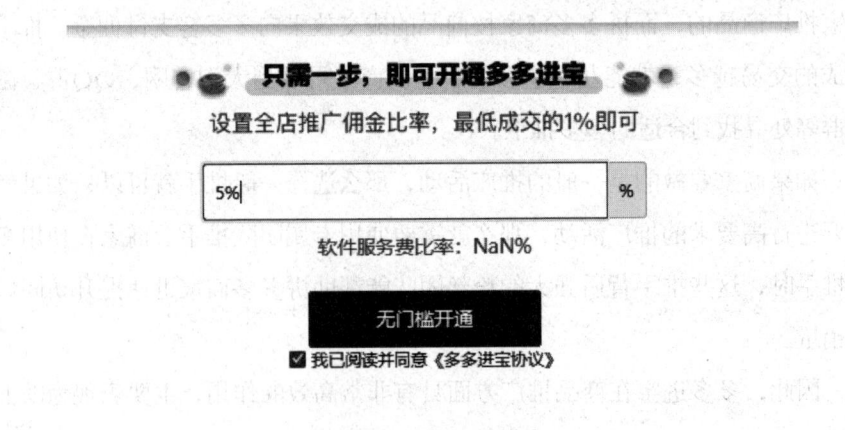

无门槛开通

☑ 我已阅读并同意《多多进宝协议》

图6-6　开通多多进宝

第六章　平台各大推广工具，是店铺引流的最佳帮手

开通多多进宝之后，每推广成交一单，商家将按"成交价×佣金比率"的形式给推手支付佣金。同时，全店推广佣金比率将适用于全部商品，后期商家可通过单品推广来修改单独商品的佣金比率。同时，在成功推广商品后，多多进宝平台还收取该商品佣金的10%作为软件服务费。

佣金比率设置完成之后，即可进入进宝首页，在这里可以查看"实时成交""引流转化""推广监控"数据，进一步了解多多进宝的推广情况，并对推广情况进行监控，如图6-7所示。

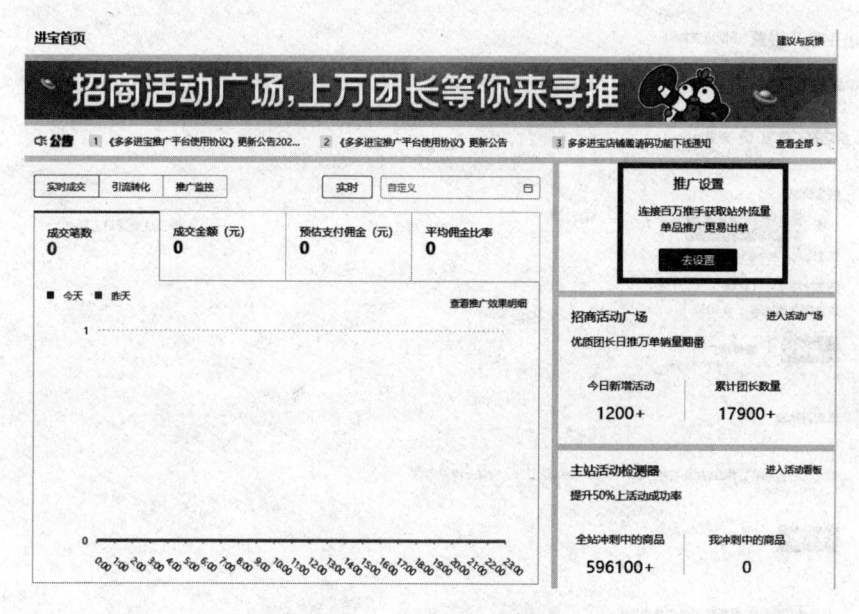

图6-7　多多进宝首页

当我们需要新建单品推广计划时，在"推广设置"栏目里点击"去设置"即可进入进宝推广设置。在这里，除了有单品推广外，还可以查看店铺的全店推广、优惠券管理和操作记录，如图6-8所示。

进宝推广设置　返回进宝首页

单品推广　全店推广　优惠券管理　操作记录

图6-8　进宝推广设置

在全店推广页面中，可以看到全店的推广信息，同时，还能对佣金比率信息进行编辑，以及暂停推广计划、设置优惠券信息等，如图6-9所示。

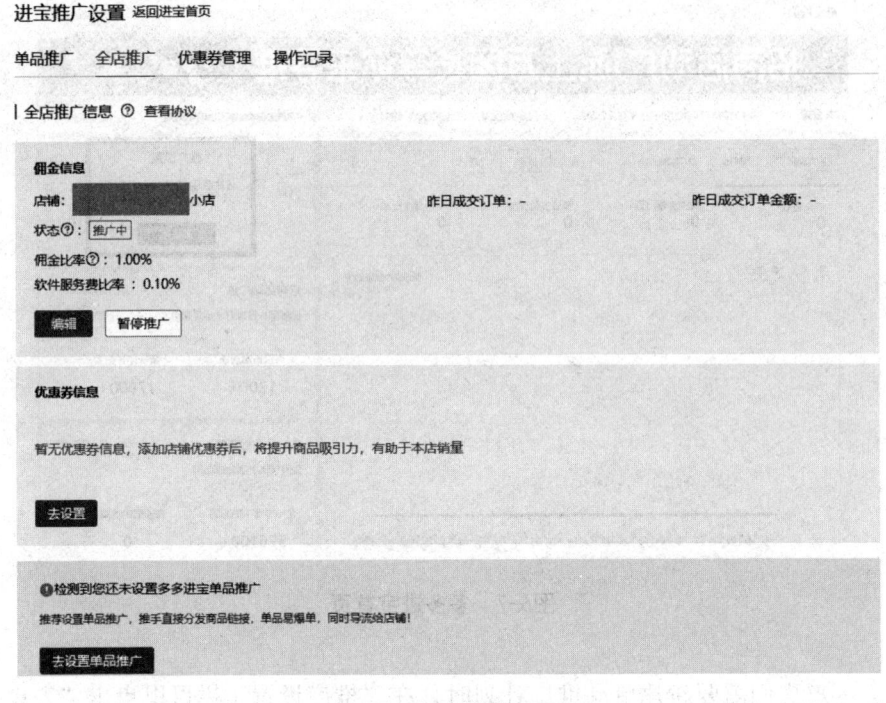

图6-9　全店推广页面

做单品推广设置时，选择"单品推广"项，通过"添加商品""推广设置""创建成功"三步，即可完成单品推广设置，如图6-10所示。

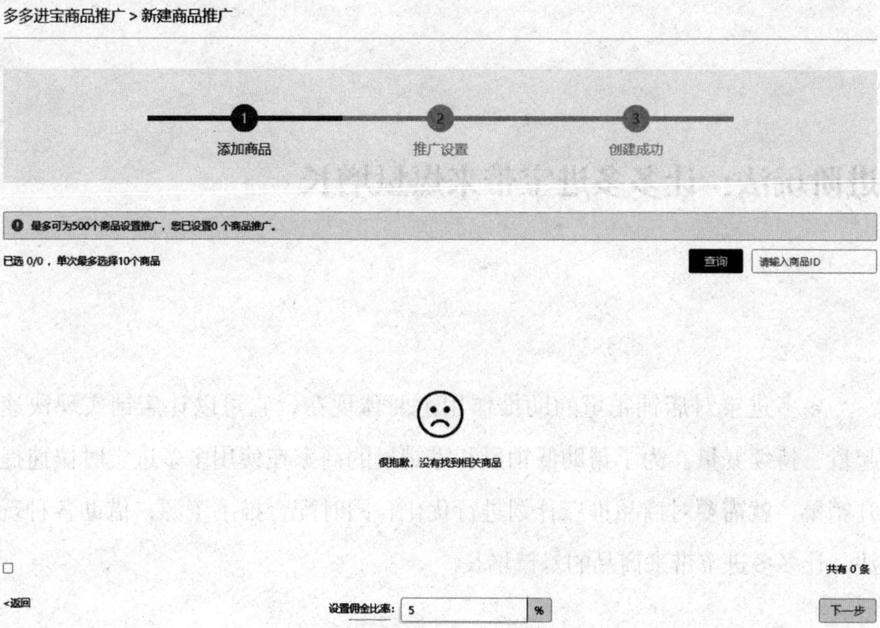

第六章　平台各大推广工具，是店铺引流的最佳帮手

图6-10　单品推广设置

进阶玩法：让多多进宝带来爆量增长

多多进宝对店铺销量的助推作用主要体现在，它可以让店铺实现快速起量、持续暴量。为了帮助低销量和零销量的商家在使用多多进宝时快速提升销量，就需要对商品推广计划进行优化，同时配合推手资源，借助各种玩法，让多多进宝带来商品的暴量增长。

多多进宝配合活动推广的玩法

将多多进宝推广与活动推广结合起来，是商家销量提升的又一个玩法。这种方式可以有效地提升商品销量排名和自然搜索排名。这种暴量玩法的策略是，让多多进宝推广配合活动推广持续跟进，如图6-11所示。

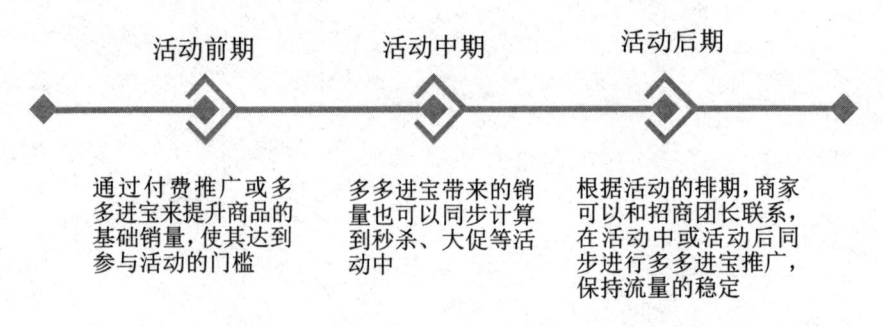

活动前期	活动中期	活动后期
通过付费推广或多多进宝来提升商品的基础销量，使其达到参与活动的门槛	多多进宝带来的销量也可以同步计算到秒杀、大促等活动中	根据活动的排期，商家可以和招商团长联系，在活动中或活动后同步进行多多进宝推广，保持流量的稳定

图6-11 多多进宝推广与活动推广的结合

同时，在多多进宝与活动引流相配合的后期，如果活动结束时流量开始下滑，这时商家还可以用多多进宝配合付费推广的方式来稳定原有的流量。

多多进宝配合场景推广的玩法

拼多多商家还可以将多多进宝与场景推广相结合，来提升商品的权重，从而为商品的销量提升打下基础。在多多进宝上，商品的排序主要看商品的销量、佣金、是否有优惠券等。所以，商家可以自主设置优惠券和佣金比例，实现商品的销售和推手获利的双赢，从而依据商品转化效果来实现商品排序提升。

就场景推广而言，它的综合排名主要受到商品销量、点击率、转化率和广告出价等因素的影响。而多多进宝中产生的销量与主站销量具有同等的权重，即在多多进宝上售出一件商品，等价于在拼多多站内售出一件商品。所以，这种对等关系就说明，拼多多站内商品的排名与站外商品的销量有着紧密的联系。

因此，商家在使用多多进宝推广商品时，可以同步进行场景推广。场景推广会凭借商品的权重提升，让商品的展现量与排名同步提升。在展现量增长的同时，点击率也会同步提升，这时，商家就可以适当地调整场景推广的出价，从而提升投资回报率，扩大商品的利润空间。

招商活动，推手助力实现爆单

多多进宝中的招商活动广场汇集着优质的推手资源，商家可以使自己的优质商品通过优质推手实现推广。同时，这里的招商团长也会为推手提供优质的商品库，从而让推手有好货可以向大众推广。

从"招商活动广场"入口进入"活动助力"，也就是"助力推广"，就可以看到招商活动广场和资源位绿色通道，如图6-12所示。

（1）在招商活动广场，商家可以报名参加相应的推广活动，同时可以查看已经报名的活动。

（2）在资源位绿色通道，开放着一定数量的拼多多主站内活动（秒杀活动、9.9活动、每日好店、爱逛街、新衣馆等）的绿色报名通道。因为这些报名通道是优先审核的，因而被称为绿色报名通道。这些多多进宝下的主站活动绿色报名通道的名额有限，实行先到先得的获取顺序。

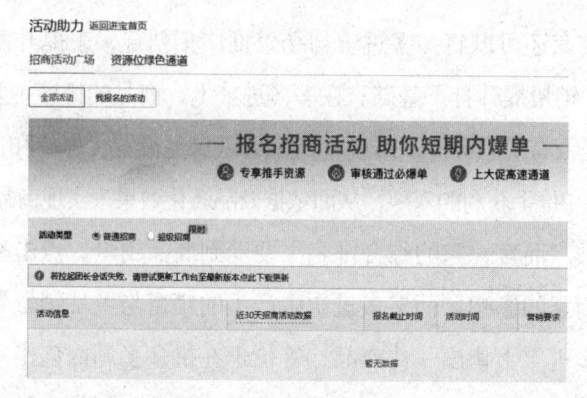

图6-12　招商活动广场页面

同时，商家要想报名活动，必须先获取相应的报名资格，也就是店铺要达到的一定的标准，如图6-13所示。

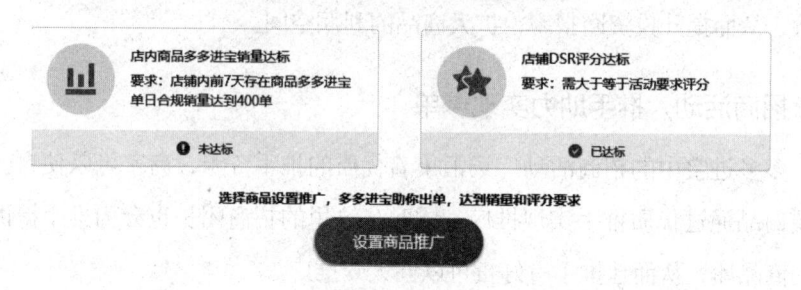

图6-13　绿色通道活动报名资格页面

如果多多进宝销量[①]和店铺DSR评分达标，那么商家就可以获得绿色通道报名资格[②]，对要推广的商品"设置商品推广"。

---

① 多多进宝官方发放领取资格，销量会剔除不合规订单数，请商家合规冲销量。每天9点开始限量发放绿色通道名额，满足条件的商家要注意绿色通道的发放时间。
② 同一个商家可以多次领取绿色通道报名资格，不过，由于绿色通道名额有限，同一个商家5天内只能领取1次绿色通道名额。

其他工具推广引流，助力店铺销量增长

在多多进宝平台，除了常规的推广引流工具之外，还有一些其他推广引流工具可供使用，这些工具主要有CPT（Cost Per Time，每时间段成本）推广、明星店铺推广和聚焦展位推广等。这些引流工具也是商家付费推广商品的不错选择。

重大活动的引流工具——CPT推广

拼多多的CPT引流工具是按时长付费的推广引流工具，它推广的资源位主要有拼多多App首页banner、多多果园icon，如图6-14所示。这些资源位拥有过亿级的流量资源，比较适合新店或新品上新时的推广。此外，CPT推广工具还适合在一些重要的营销节点使用，能帮助商家占据营销的重要位置，有利于打造品牌影响力。

图6-14 CPT引流工具资源位

CPT引流工具广告主打首页购物场景，能够有效地吸引在拼多多App首页浏览的用户。同时，CPT还是活动资源的补充，能够通过活动获得更大的曝光量，以吸引活动中具有明确需求的用户。

明星店铺，带领粉丝实现品牌店铺打造

在拼多多平台上，商品一般是以单品形式展现的，店铺展示相对较少。当用户搜索了相关品牌词后，搜索结果页的置顶banner就会展示该品牌店铺及该店铺的相关商品，这就是明星店铺展示。明星店铺推广适合比较知名的品牌进行投放。

创建明星店铺，对店铺资质有要求，目前仅向旗舰店、专卖店和专营店开放。也就是说，只有当店铺申请到品牌词时，才有机会创建明星店铺推广。明星店铺推广实行CPM计费模式，按千次展现付费（即按照千次曝光来计费），出价范围为20~300元，出价必须是整数。展示位置是搜索结果页（拼多多手机客户端+拼多多H5商城）。

符合资质条件的拼多多商家可以在拼多多后台的"推广中心→明星店铺→推广计划→新建计划"创建明星店铺，如图6-15所示。

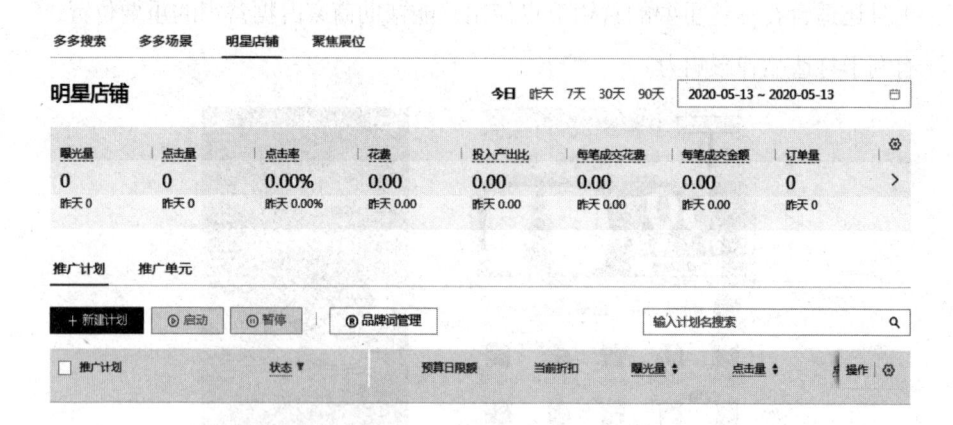

图6-15 明星店铺推广计划页面

在明星店铺中，当店铺内商品数<4时，用户搜索相关品牌词和商品名称时，仅展示店铺创意；当店铺内商品数≥4时，用户搜索相关品牌词和商品名称时，将有机会展示店铺创意及店铺热销商品。

聚焦展位，帮助商品上首页

聚焦展位是拼多多营销平台面向商家提供的广告服务，凭借优质资源位，以图片展示为基础，以精准定向为核心，面向全网精准流量进行实时竞价。支持按展现付费（点击不扣费），为商家提供精准定向、效果监测等服务，帮助商家实现店铺、单品和营销活动的定向推广。聚焦展位的资源位主要是拼多多App首页banner轮播。

聚焦展位的投放在推广中心进行，商家在推广计划页先处理"创意管理"项，根据要求上传创意图。创意在平台审核通过之后，就可以在聚焦展位页面单击"新建计划"创建聚焦展位推广计划，如图6-16所示。

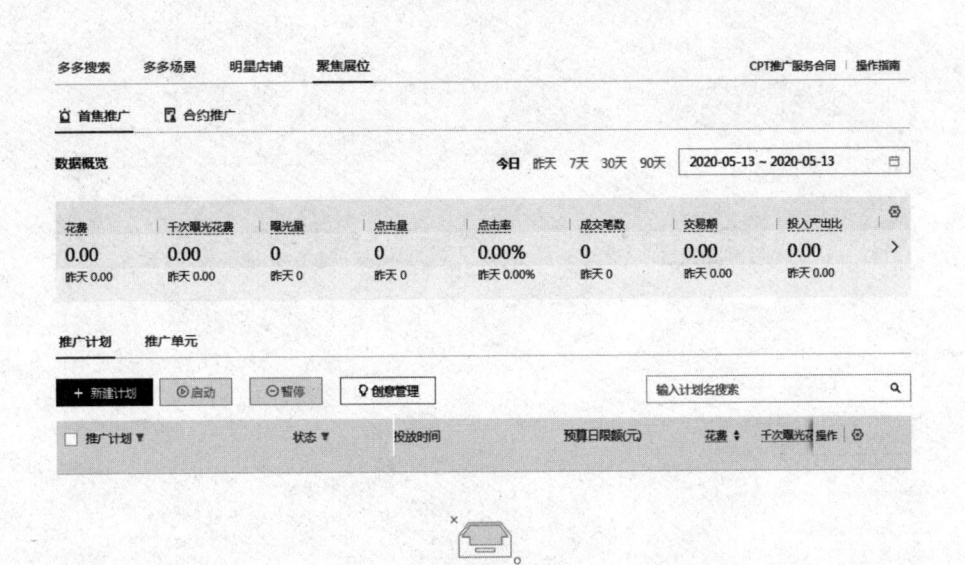

图6-16　聚焦展位推广计划页面

聚焦展位推广计划投放之后，商家可以在"推广计划概况"里对聚焦展位的推广情况进行了解。

商家通过使用这些特殊的付费推广工具之后，能够有效地提升商品排名，让产品出现在拼多多App首页上，从而提升整个店铺的销量。

第七章

多维活动推广引流，
提升商品成交转化率

拼多多商家在拼多多平台上还可以通过一些特殊的促销活动实现店铺及商品的引流，这些活动引流玩法主要有营销活动引流、店铺活动引流、竞价活动引流和社交活动引流。丰富的引流活动为拼多多平台的店铺商品转化提供了有力的支持，能够帮助店铺有效地提升商品排名与权重。拼多多商家可以根据店铺经营的时间节点选择有力的活动引流工具来提升店铺商品的转化率。

了解活动报名技巧，轻松参加拼多多活动

拼多多商家在报名参加平台的活动之前，需要先对拼多多平台的引流活动有一定的了解。这些集中在店铺营销模块（营销活动、营销工具）的活动引流工具中，都有各自的报名条件及要求。因此，商家要掌握各类活动的概况以及适合每一个活动的商品，这样在参加引流活动时才会更容易选中目标活动，正确地参报相关引流活动。

拼多多平台的活动类型

拼多多平台的引流活动可以分为两大类，分别是平台活动和店铺活动。这两大类活动还可以继续细分出诸多的引流活动类型，具体内容见表7-1。

表7-1 拼多多平台的活动类型

活动类型		活动细分
平台活动	营销活动	9块9特卖、领券中心、爱逛街、秒杀、断码清仓、每日好店、电器城、大促活动
	类目活动	健康节大促、个护单品限量抢、其他
	社交活动	砍价免费拿、一分钱抽大奖、多多果园、多多旅行、多多矿场
	竞价活动、品质竞价活动	
店铺活动	优惠券、拼单返现、多件优惠、限量促销、限时免单	

这些引流活动都是拼多多平台有力的营销工具，可以帮助拼多多商家开展有效的商品营销。

同时，按活动持续时间的长短，还可以继续分为长期活动和短期活动。

长期活动会让商品长期在资源位上进行推广，从而获得长久的流量曝光。比如断码清仓的日常精选、每日好店的好店精选、爱逛街的特价精选等。

短期活动是指活动的资源位展示有一定的时间限制，商家可以通过一定的价格让利来实现商品销量的快速提升。比如断码清仓的大牌清仓日、每日好店的神券好店、爱逛街的超值量贩和秒杀等。

在了解拼多多平台的这些活动类型的基础上，拼多多商家还需要做一定的规划，即将短期活动与长期活动进行有效搭配，力求让店铺实现更加长久和稳定的盈利。

做好准备工作，选择优质资源位做活动

拼多多商家在参加活动之前，还需要做好扎实的准备工作，这些准备工作主要包括商品优化、客服培训、仓储发货、活动预热等。只有这样，到了具体的活动参与环节，才会更加游刃有余。

（1）商品优化。选择合适的商品参加活动，并筛选出精准的关键词为商品制定标题，替换掉劣质的商品图片，做好商品主图及详情页的设计工作。

（2）客服培训。安排好活动客服人员，并对具体的活动类型进行培训，让客服了解各种活动玩法的路径，以便高效地解答用户的提问。

（3）仓储发货。在参与活动时，店铺的订单量会快速增加，因此，商家一定要提前与物流公司做好对接，做好仓储备货，保证发货速度高效，从而提升用户的物流满意度。

（4）活动预热。在活动开启前期，商家可以通过一定的装修设计来营造活动气氛，用营销工具来为店铺引流，以提高店铺的人气。

拼多多平台上的这些活动，都有适宜的投放资源位，不同的投放资源位，最终所产生的引流效果会有不同。所以，为了利用活动有效引流，拼多多商家要具备优质资源位的选择技能，具体内容见图7-1。

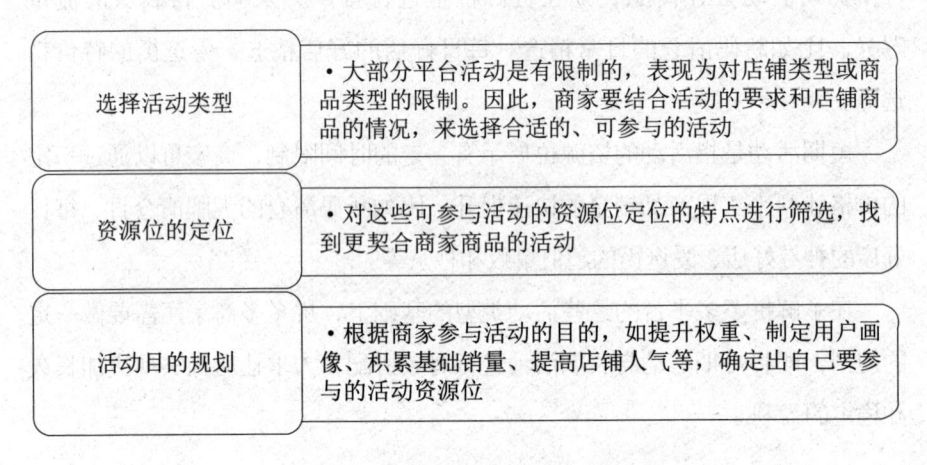

选择活动类型	• 大部分平台活动是有限制的，表现为对店铺类型或商品类型的限制。因此，商家要结合活动的要求和店铺商品的情况，来选择合适的、可参与的活动
资源位的定位	• 对这些可参与活动的资源位定位的特点进行筛选，找到更契合商家商品的活动
活动目的规划	• 根据商家参与活动的目的，如提升权重、制定用户画像、积累基础销量、提高店铺人气等，确定出自己要参与的活动资源位

图7-1　选择活动资源位的基本思路

在做好这些活动报名的基础工作之后，为了提升活动报名的审核通过率，拼多多商家还需要对活动申请过程中的一些细节问题多加注意。比如，活动用图片不宜添加过多的文字，否则会影响商品的展示；不要使用过多的拼接图；价格不宜高于站内同款商品；对商品的款式及属性的描述要明确。

拼多多平台的活动审核由系统审核和人工审核两个环节组成。商家报名参加活动之后，首先进行的是系统审核。当活动不符合规定时，系统会自动驳回报名申请。当商品通过系统审核之后，就进入人工审核阶段。平台活动审核人员会从活动商品的选品、SKU、库存、标题、图片、价格、评价等方面着手进行活动申请审核。

玩转营销活动，轻松实现引流和商品转化

拼多多平台上的百亿补贴、新衣馆、爱逛街、限时秒杀、9块9特卖和每日好店等，都是吸引用户的有效活动，能为商品引来巨大的平台流量，促进商品快速转化。拼多多商家在参加这些营销活动时，一定要保证店铺处于正常的营业状态，而且店铺账户的资金状态保持正常，活动保证金已足额缴纳，店铺的DSR评分达标。

这里，我们以百亿补贴、限时秒杀活动、9块9特卖和爱逛街活动为例，来介绍拼多多平台上的营销活动。

高竞争力的成本价参与百亿补贴

百亿补贴活动是拼多多官方在商家成本价的基础上给予一定比例的补贴，让用户能够买到最具价格优势的品牌商品，如图7-2所示。

图7-2　百亿补贴商品入口

1. 百亿补贴的频道流量

百亿补贴的频道流量主要集中在：首页不规则banner（原品牌特卖位置）、首页banner第一帧（不定期）、拼多多开屏（不定期）、站内消息推送，以及什么值得买、快手、抖音、今日头条、朋友圈广告等渠道官方免费曝光。

2. 商家参与百亿补贴活动的优势

商家参加百亿补贴活动，可以获得四方面的好处：搜索、推荐场景大幅加权；帮助商品快速积累基础销量；通过海量的站内流量、免费的各渠道站外推广，帮助品牌快速渗透精准用户群，积累店铺粉丝；专属商品详情页样式。

3. 活动审核通过的关键

百亿补贴活动审核通过的关键在于两点：提报的成本价是否具有竞争力（成本价不会计入历史最低价），商品活动图是否符合规范（白底、主体清晰、无文字信息）。

限时秒杀活动，获取千万级流量

限时秒杀频道位于首页导航栏第一个位置，如图7-3所示。

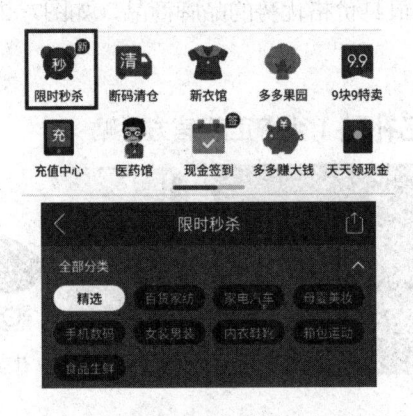

图7-3　限时秒杀活动

限时秒杀活动拥有千万级流量,是拼多多流量和转化率最好的频道之一。在限时秒杀活动进行期间,商家客服要尽快回复用户的提问,提升3分钟人工回复率,否则将会面临活动的惩罚,对后续活动产生影响。

1. 参加限时秒杀活动的优势

商家参与限时秒杀活动可以免费获取千万级流量,迅速累计店铺销量;超低门槛报名,对全网商家开放;秒杀销量可提升商品搜索排位,助力分类页面冲排序,增加个性化推荐权重。

2. 参加限时秒杀活动商品的要求和审核标准

参加限时秒杀活动的基本要求是:

(1)商品价格要满足全网最低价,参与活动的所有SKU都必须是全网最低价(包含拼多多平台)。

(2)禁止低价SKU引流和乱拼款。

此外,参加限时秒杀活动的商品标题、商品图片、商品库存还有具体的要求,商家可以在该活动的报名页面进行详细的了解。

9块9特卖,小商品也有大流量

"9块9特卖"是拼多多主推0~29.9元小商品的频道,拥有超大流量,价格在9.9元左右的商品更容易获得好的排位。

1. 参加"9块9特卖"活动商品的定价规则

拼多多平台为了提高"9块9特卖"频道整体商品池的商品质量和价格竞争力,把流量倾斜给更有竞争力的商品,对报名活动的商品活动价有严格的要求。即活动价要以平日价为基础降价:近30日不同订单峰值有不同的降价幅度要求,具体内容如下。

(1)平日价的含义。商品近30天销量最多的下单价格,剔除秒杀价;一般近30天时间维度,商品SKU维度,取卖得最多的订单价格。

(2)平日价降价幅度。会在平日价的基础上,针对商品剔除刷单后近30

日订单峰值，来匹配不同的降价幅度（历史表现越好，活动要求的降价幅度越低），具体见表7-2。

表7-2 订单峰值与降价幅度的关系

订单峰值	降价幅度
订单峰值≥1000	无须降价
1000>订单峰值≥500	降价2%
500>订单峰值≥300	降价5%
300>订单峰值≥100	降价10%
100>订单峰值≥50	降价15%
50>订单峰值≥0	降价20%

2. 参加"9块9特卖"活动店铺的资质要求

报名参加"9块9特卖"活动的店铺，还需要满足如下要求。

（1）店铺需要开通并使用电子面单服务。

（2）店铺不得处在处罚期。

（3）店铺综合评分高于行业30%。

（4）仅有资质的医药健康类目店铺才可报名。

（5）报名通过率≥50%且报名次数≥2的商家在近24小时内可以报名4次，通过率不满足的商家24小时内可以报名1次。

（6）店铺中的商品近30天因数据门槛（商品描述DSR评分）被淘汰出资源位的次数少于5次。

（7）店铺近90天的评价数量大于100个。

爱逛街活动，助推新品迈入爆款

爱逛街是一个致力于为每一个拼多多用户提供时尚、价美、质优的流行百货的活动。自系统上线以来，爱逛街活动的主要功能定位于新品的推广，因此对新品有很大的扶持力度，非常适合物美价廉的男女装、箱包配饰、童装、内衣、鞋靴、美妆、运动类商品，以及偏向成熟年龄消费群体的商品参与。

爱逛街活动的重心是偏向于新品的，因此商家要选择合适的新品报名参加该活动，避免使用老爆款做活动，这样才能为店铺吸引更多的流量。目前，符合系统报名门槛的店铺，每天可以报名1款商品。

商家给商品报名参加爱逛街活动时，要对自己的发货能力进行认真的评估，填写真实库存。如果虚假填写库存导致超卖、发不出货、虚假发货的，视作违反平台规则，将会受到平台的处罚。

打造店铺活动，提升店铺人气，促进回购

打造店铺活动，同样是拼多多商家提升商品销量和提升店铺人气的一个途径。拼多多店铺活动以优惠券为主。在拼多多管理后台店铺营销板块的营销工具中，可以看到拼单返现、优惠券、限时限量购、分期免息、多件优惠、交易二维码、限时免单、短信营销等。商家可以在对这些营销工具加以了解的基础上，选择适合自己的工具来做店铺商品营销。

巧用拼单返现实现爆单

拼单返现，是拼多多官方免费为商家提供的一个营销工具，商家需要提升客单时可以使用该营销工具。该工具在家居、食品和服饰的促销活动中应用较广泛。

具体来说，拼单返现就是消费者累计购买满一定金额后（1个自然日内），可获赠一张平台优惠券，成本由店铺承担。通常，拼单返现可分为单店满返和跨店满返两种形式。

（1）单店满返。在1个自然日内，消费者在店铺累计购买满一定金额后，即可获赠一张平台优惠券。

（2）跨店满返。消费者购买活动范围内的商品满一定金额后，即可获赠一张商家承担的平台优惠券。

商家按要求创建拼单返现，完成返现设置，就可以创建拼单返现工具，如图7-4所示。

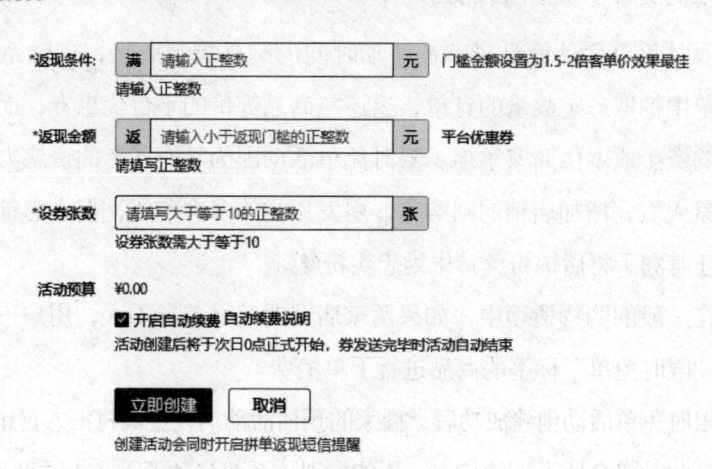

第七章　多维活动推广引流，提升商品成交转化率

图7-4　创建拼单返现

限时限量购，提升店铺人气与GMV

限时限量购是一款商家自运营工具，对商品进行折扣促销。这种营销工具的使用场景分为两种：限量促销——对一定数量商品进行打折销售，售卖完毕后恢复原价；限时促销——在规定时间内对商品进行打折销售，时间结束后恢复原价。

总体来说，限时限量购主要是以饥饿营销的模式刺激用户下单，从而提升店铺人气与GMV。

限时限量促销活动设置完成后的效果展示，如图7-5所示。

图7-5　限量促销（上）和限时促销（下）活动的设置与效果展示

限时免单，提升店铺回购率

限时免单活动就是买家在活动时间内购买指定商品，这时系统会从成团订单中抽取一定数量的订单，返还与商品等价的平台优惠券，而返还的优惠券的资金成本由商家承担。限时免单活动因为具有一定的诱惑力，能为店铺积累人气，增加店铺的回购率，引发用户的多次购买，促进店铺商品的转化，还有利于将店铺粉丝转化为忠实粉丝。

在一般的购物情境中，如果两家店铺的商品差异不大，用户一般会选择带有"限时免单"标签的商品进行下单消费。

限时免单活动创建成功后，商家的预估活动消耗金额将汇入营销保证金账户内，此时资金处于冻结状态，不能提现（系统自动汇入，无须商家操作）。在限时免单活动进行的过程中，商家营销保证金的走向如图7-6所示。

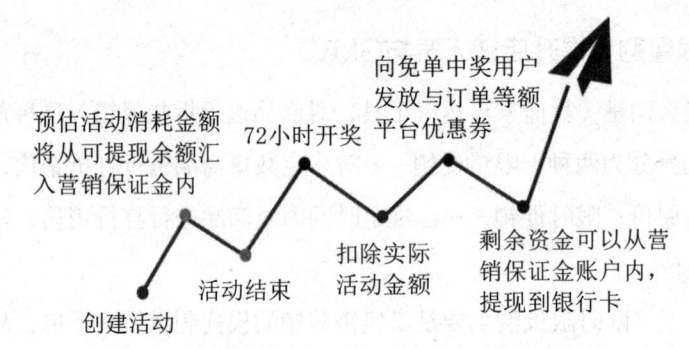

图7-6 限时免单活动中的资金走向

限时免单活动结束后，72小时内开奖，系统将扣除实际活动金额，向免单中奖用户发放与订单等额平台优惠券（优惠券50年有效期）。系统扣除实际活动金额后，剩余资金可以从营销保证金账户内提现到银行卡（营销保证金一个月可提现一次）。

总的来说，拼多多平台店铺活动诸多，商家可以先在拼多多管理后台对这些活动进行认识和了解，然后根据实际需要加以应用，以提升店铺商品的销量，促进店铺商品转化。

竞价活动，帮商家抢占资源位的千万级流量

竞价活动主要是商品的价格竞争。拼多多平台会定期从全网挑选出热销商品作为"参考商品"发布到竞价页面。如果商家的店铺中有与参考商品在样式、规格、材质等方面基本相同的商品，并且商家的报价更低，那么商家就可以参与竞价活动。如果商家在竞价活动中竞价成功，那么商品会快速获得大流量的曝光。可以说，首页竞价活动是商家打造热销商品的有效方式，也是商家晋升首页及热销资源位的一个便捷通道，能够轻松地帮助商家获得千万级的流量。

用首页竞价活动抢占优质资源位

拼多多商家参与拼多多后台的竞价活动，能非常有效地帮助刚上架却没有流量和销量的商品获得流量，同时还能让优质商品进入首页的顶级热销资源位。商家在拼多多后台，可以按图7-7展示的操作步骤通过"店铺营销→竞价活动"参与竞价活动。

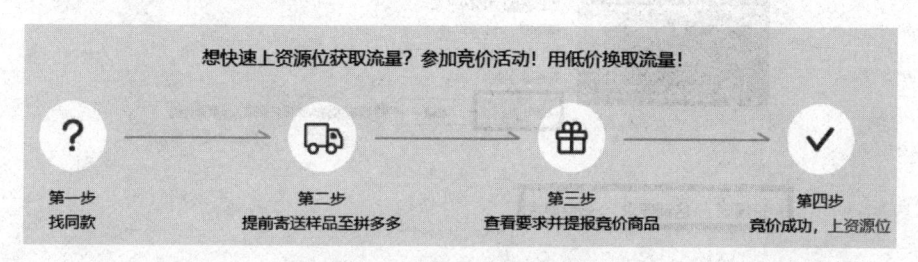

想快速上资源位获取流量？参加竞价活动！用低价换取流量！

第一步　找同款　→　第二步　提前寄送样品至拼多多　→　第三步　查看要求并提报竞价商品　→　第四步　竞价成功，上资源位

图7-7　竞价活动参与步骤

在竞价活动页面，有"活动商品列表"区。商家如果想参与竞价活动，可以在这些热销商品列表中寻找竞品，或根据商品类目、店铺主营类目、商品名称条件来查询竞品，如图7-8所示。

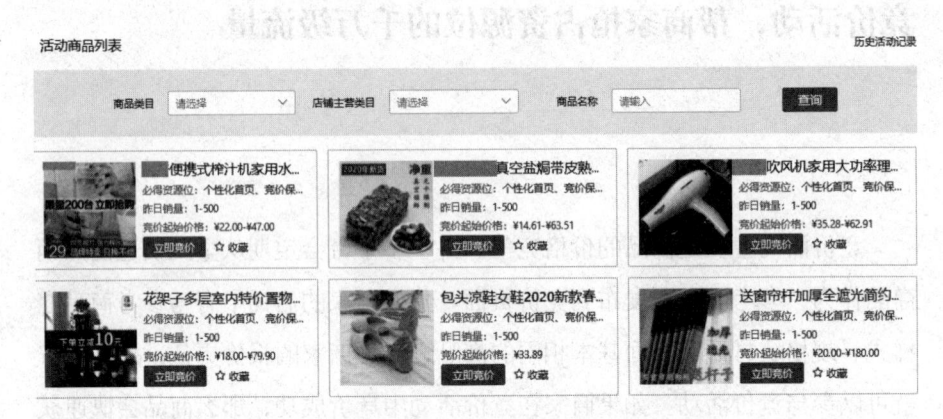

图7-8 竞价活动商品列表区

商家选择好竞品之后，点击"立即竞价"，进入"竞价活动详情页"，如图7-9所示。商家可以在此查看竞价活动的竞价规则、店铺要求和商品要求，只有满足这些规则与要求之后，点击"参与竞价"，店铺商品才可以参与竞价活动。

图7-9 竞价活动详情页

第七章 多维活动推广引流，提升商品成交转化率

商家按平台要求参与竞价活动，除了平台规定的无须寄样的商品类目之外，其他参与竞价活动的商品都需要提前寄样，这样才能保证竞价有效。

品质竞价，低门槛实现资源位曝光

品质竞价，也是拼多多平台的一个优质资源位获取途径。如果商家因为成本和销量问题错失了一些优质的活动资源，那么此时，品质竞价活动也是一个很好的选择。品质竞价活动是一个招标活动，商家无须给商品降价，也没有基础销量限制，就可以报名参与该活动。

品质竞价活动对商品的品质非常注重。图7-10是品质竞价活动的参与页面，它与竞价活动页面比较相似。

图7-10　品质竞价活动参与页面

品质竞价活动的实质是同价格商品比品质。也就是说，针对同一优质资源位，价格一致的同款商品凭借品质进行竞标。当报名竞价商品的品牌、材

147

质、规格、生产日期等维度优于参考商品时，竞价商品就会竞价成功。竞价成功商品将生成竞价活动价，替换参考商品的资源位，获得免费的搜索排序加权和广告场景推广。

在品质竞价的"品质招标→竞价活动详情页"页面，有与竞价活动相关的竞价规则、店铺要求和商品要求，如图7-11所示。

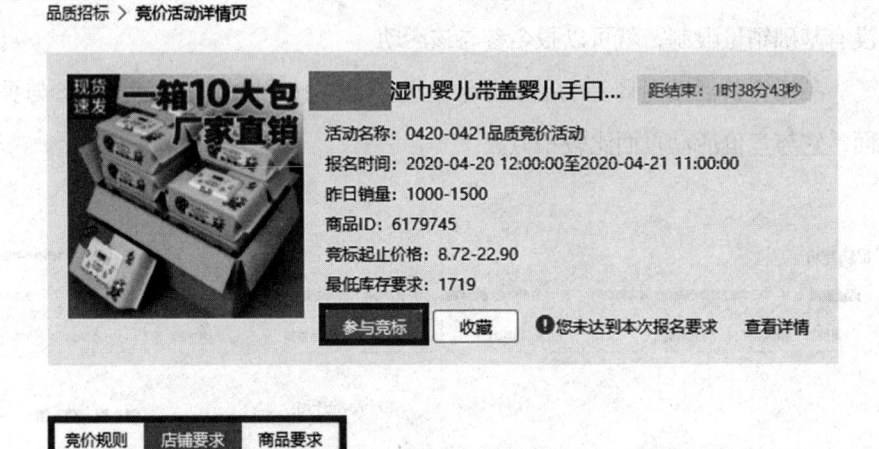

图7-11 竞价活动详情页页面

商家在参与竞价活动之前，要熟悉这些规则和要求，才能实现资源位的曝光。

第八章

爆品打造：
有爆点，才会有爆单

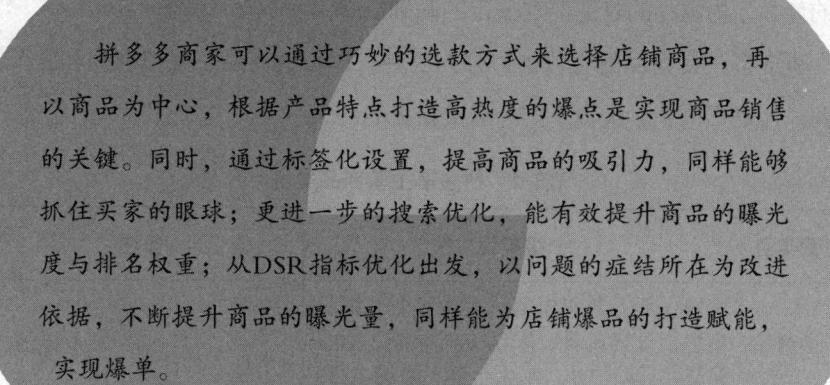

拼多多商家可以通过巧妙的选款方式来选择店铺商品，再以商品为中心，根据产品特点打造高热度的爆点是实现商品销售的关键。同时，通过标签化设置，提高商品的吸引力，同样能够抓住买家的眼球；更进一步的搜索优化，能有效提升商品的曝光度与排名权重；从DSR指标优化出发，以问题的症结所在为改进依据，不断提升商品的曝光量，同样能为店铺爆品的打造赋能，实现爆单。

基本选款操作，打通爆品的第一步

做爆款是很多拼多多商家的追求。要想在店铺中做爆款商品，拼多多商家就要掌握一定的爆款商品选择手段。只有选到具有爆款潜力的商品，才有机会在后续的运营过程中将其打造为店铺爆款商品。

从类目着手认识拼多多平台的商品

拼多多商家要想打造店铺爆款，首先要对拼多多平台的商品类目有一定的了解，这有助于商家了解用户的需求偏好，从而有针对性地为店铺选择合适的商品，为爆品的打造奠定一定的基础。

拼多多平台商品的主营类目分为三种，即普通商品、虚拟商品和医药健康商品。这三大主营类目下的一级类目见表8-1。

表8-1 拼多多主营商品类目

主营类目	一级类目	备注
普通商品	家居生活、数码电器、美妆个护、服饰箱包、母婴玩具、家纺家居家装、食品保健、运动户外、水果生鲜、海淘进口	无
虚拟商品	生活缴费、视频/会员、腾讯QQ专区、网上营业厅	需要提供行业资质，由相关授权方出具运营商授权资质书
医药健康商品	精制中药材、隐形眼镜/护理液、OTC药品/医疗器械/计生用品等	需要提供一系列的行业资质，有营业执照、互联网药品信息服务资格证等

拼多多商家如果在店铺中发布多个主营类目的商品时，只要商品的属性差距不是很大，就可以直接发布。如果商品属性差距较大，则需要通过"店铺管理→店铺信息→基本信息"路径在拼多多后台更改主营类目，如图8-1所示。

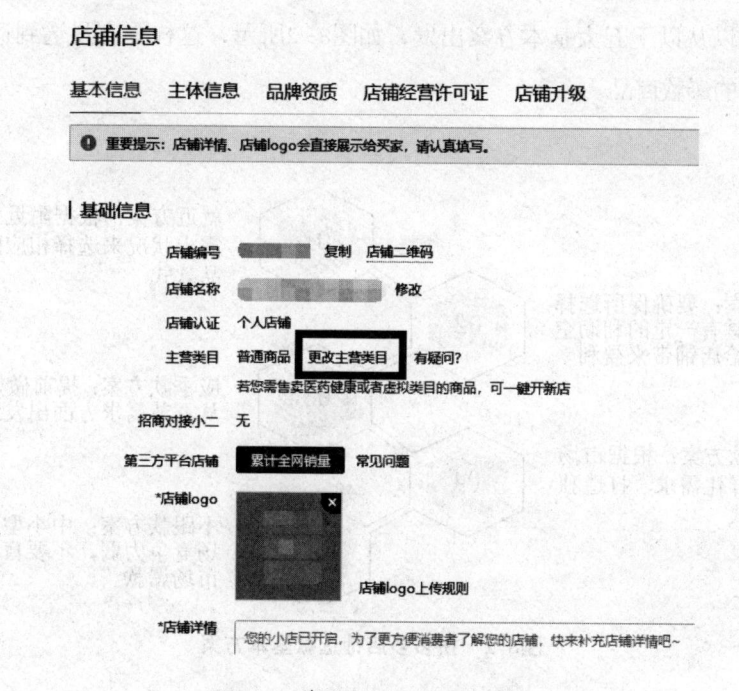

图8-1 店铺主营类目更改页面

注意选款细节，坚持五大选款基本方案

选择高性价比商品是商家在拼多多平台上取得销售业绩的关键。不过商家在选择爆款商品的过程中，还需要注意以下五方面的细节，这样更能选择出有竞争力的爆款商品。

（1）商品的款式要与流行趋势和店铺风格相符合。

（2）商品的颜色和尺码等属性必须全面。

（3）商品具有一定的性价比优势，同时还能保证利润空间。

（4）商品库存要充足，确认供应商能够正常且及时发货。

（5）选择符合市场偏好的应季商品，这样更方便于商家参加各种平台活动，从而获得更多的推广、展现机会。

在坚持这样的选款细节的基础上，拼多多商家在具体选择店铺爆款的过程中可以从以下五大基本方案出发，如图8-2所示，这样更容易选到适合自己店铺的爆款商品。

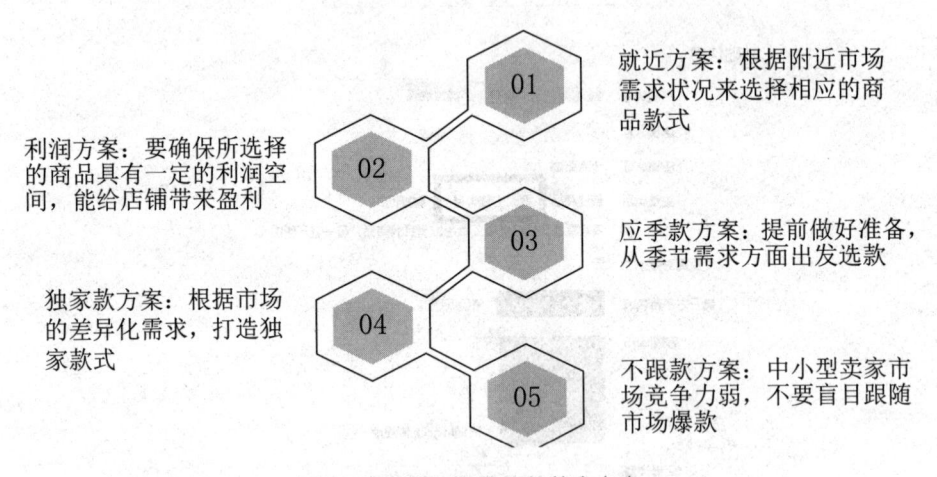

就近方案：根据附近市场需求状况来选择相应的商品款式

利润方案：要确保所选择的商品具有一定的利润空间，能给店铺带来盈利

应季款方案：提前做好准备，从季节需求方面出发选款

独家款方案：根据市场的差异化需求，打造独家款式

不跟款方案：中小型卖家市场竞争力弱，不要盲目跟随市场爆款

图8-2 拼多多店铺选款基本方案

对于拼多多商家来说，选款是一项重要的工作，店铺选好适合做爆款的商品，借助后续的推广和引流活动，才更容易使商品步入爆款行列。同时，选择好合适的爆款商品之后，店铺后续的商品维护也将会更加轻松。

把握爆点制造的关键要素，轻松入门爆品

商家选出适宜的商品之后，为了让商品成为爆款，就需要把握商品的关键要素，以此进行爆点价值制造。制造爆点的关键要素一般有四点：找准目标受众；提供待定场景，满足用户需求；解决用户痛点；选择合适的传播载体。只有这样才能使目标受众清晰，才能有针对性地制造产品的价值爆点。

通过年龄与兴趣爱好找准商品的目标受众

找商品的目标受众就是通过商品分析确定哪些人会成为商品的消费者。商家只有明确商品的消费群体，才能让商品高效地触及消费者，这样商品才有成为爆品的可能。一般来说，商家寻找商品的目标受众可以从年龄和兴趣爱好出发，具体做法如下。

（1）根据年龄阶段确定目标受众。年龄是了解用户的一个有效途径，不同年龄阶段的用户，具有不同的消费心理和消费需求。我们一般以5岁间距为一个年龄段，然后与每一个年龄段中的用户进行深入交流，了解用户的需求。通过划分年龄段来了解用户，就能够确定商品的目标用户群体及其共性，然后用他们感兴趣的话题来交流，这样就能为用户打造有爆点的商品。

（2）按照兴趣、爱好对用户进行划分。从用户的兴趣、爱好出发找目标受众，能打破年龄的限制，让具有相同兴趣、爱好的用户聚集在一起。这时，商家就可以根据这些用户群体的兴趣、爱好来打造爆款商品。

提供特定使用场景，满足受众的需求

在场景营销盛行的互联网时代，将商品放在特定的营销场景中，能有效地激发用户的使用需求。所以商家在打造爆品的过程中，让消费场景成为带动商品销售的一个爆点，也是很有必要的。商家在给用户制造消费场景时，需要抓住消费场景的五个组成要素。

（1）消费者：谁？

（2）消费时间：是什么时候？

（3）消费空间：在什么地点？/去了哪里？

（4）动态行为：做什么？

（5）心理状态：在想什么？

通过消费场景，用户能更加真切地感受到商品的优势，从而将他们潜在的消费需求给激发出来。用户为了满足这种潜在的消费需求，就会主动地参与到该商品的消费过程当中。

不过，为了能让商品满足受众的需求，在营销环节，商家就需要加大这几方面的力度：一是找到部分的市场消费者；二是亲自体验消费过程；三是挑出商品的不足，总结经验。

用高性价比击中用户痛点

痛点是从消费者本身出发，强调消费者的诉求和体验。比如，高质、低价的小米手机，就是解决了消费者面临的智能手机价格过高的痛点；支付宝、微信支付就是解决了消费者带现金的痛点。

所以，商家需要通过对消费者进行深层次的发掘，全面地解析商品和需求市场，把潜藏在消费者身上的消费痛点给发掘出来。

当市场中有很多同类商品都可以解决消费者的痛点时，为了打造爆品，以占取一定的市场份额，商家就需要从商品的性价比方面着手，合理地给商品定价，从而用价格这个关键点来吸引用户。从性价比出发打造爆款商品

时，商品定价可以参考以下三点。

（1）价格要在大部分消费者可承受的范围内。

（2）商品品质与价格能有效匹配，让用户感知到真实的性价比。

（3）至少满足小部分消费者的性价比需求，为不断满足大部分消费者的需求而努力。

同时，为了做到真正的物美价廉，得到消费者的认同和肯定，商家在给爆款商品定价时，还要注意这三点：为成本加价，以竞争对手为参考，观察消费者的价格承受能力。

设置标签，实现爆品升级

在打造爆品的过程中，为了增加爆品的市场认可度，我们可以给商品添加一些可靠的、能让用户产生兴趣的标签，从而助推商品向爆品升级。一般来说，服务标签、社交标签、榜单标签、优惠标签和资源位标签，是打造爆品经常使用的标签，这能在一定程度上增加用户对商品的信赖感。

服务标签，优化用户的购物体验

服务标签是商品最基本的标签，它表现为商家通过为商品提供各种类型的服务，来给商品一个更好的服务保证，让用户可以在优质的服务下安心、便捷地消费商品。通常情况下，商品所具有的服务标签可分为以下七类。

（1）极速标签。即极速发货与极速退款。电商卖家在拼多多的管理后台中，可以根据自己的实际情况，将"发货时间承诺"设置为"24小时"或"当日发货"，商家还可以在此时选择"7天无理由退换货""假一赔十"等承诺标签；同样商家还可以在管理后台申请"极速退款"。这两项"极速"标签设置好之后，可以显示在商品首页、标题、详情页、服务承诺等处。

（2）物流及费用标签。商家可以在拼多多管理后台中选择"使用顺丰包邮，并同意《顺丰包邮协议》"项目来获取"顺丰包邮"标签；可以在管理后台中付费开通"退货包运费"标签；可以在后台设置"送货入户"功能，即可获得"送货入户"标签；在后台设置"送货入户并安装"功能，还可获得"送装入户"标签。

（3）只换不修标签。商家可以根据相应商品的特性，对一些修理必要性不强的商品（剃须刀等）在管理后台中开通"只换不修"标签，给用户提供一次免费换新的服务。

（4）正品发票标签。商家通过拼多多管理后台开通"正品发票"服务（仅限部分类目商品），根据买家收货或发票申请情况，承诺为他们在特定的期限内免费开具发票。

（5）全国联保标签。商家在管理后台开通"全国联保"服务（仅限部分类目），即可获得该标签。这时，商家会为买家提供免费的修理、退换货服务。

（6）分期付款标签。商家还可以在后台的店铺营销工具页面开通"分期免息"功能，就可以获得"分期付款"标签。若消费者购买商品或服务时使用花呗分期方式付款且符合免息条件，则由商家承担花呗分期手续费，该订单称为花呗分期免息订单。这种服务能缓解用户购买高价商品时的经济压力。

（7）爱心助农标签。这是针对生鲜水果类目中的"助农专题"而设立的一个带有公益性的标签，商家符合一定的资质条件后，向平台申请并通过审核即可获得该标签。

社交标签，促进客户回购

对于电商卖家而言，维护老客户是非常有价值的工作。老客户的回购能帮助商家很好地降低广告支出，节约沟通成本与服务成本，还能将商品的销量维持在一个稳定的水平。所以借助社交标签，同样可以帮助商家进行商品转化。社交标签一般表现为以下四点。

（1）购买过。当买家在某店铺成功拼团某商品之后，就会在搜索结果页和推荐页中展示该标签。

（2）好评过。用户购买商品并给予好评时，会在搜索结果页和推荐页中展示该标签。

（3）我评价过N次。当用户给予某件商品的好评超过两次时，则会在搜索结果页和推荐页中显示为"我评价过N次"。

（4）收藏的商品。针对用户收藏过的商品，会在搜索结果页和推荐页中展示该标签。

社交标签主要反映的是用户与商品的关系。同时，用户与店铺的关系（"我好评过的店铺""我收藏过的店铺"等）也是社交标签的范畴。拼小圈的出现，将社交标签的作用最大化。通过拼小圈，用户能及时获取好友的购物情况，根据好友的购物反馈做出对商品的消费选择。

榜单标签，打造爆款商品

榜单标签由商品平台根据相应的数据自动评选出来。商家的榜单标签一般会有很好的说服力，从而让用户在心理上更加认可榜单商品。所以，拥有榜单标签的商品，会有更好的曝光量和点击率，能保持一定的热度，具有更高的转化率。常见的榜单标签有以下两种。

（1）本周××畅销前十。当商品进入平台TOP200三级类目下畅销榜排行前十时，即可获得该标签。

（2）本周××好评前十。当商品进入平台TOP200三级类目下好评排行榜前十时，即可获得该标签。

优惠标签，实现高效转化

优惠标签就是利用拼多多平台的营销工具，发布一些优惠券（拼单返现、多件优惠等）来获取的标签。优惠券对店铺卖家的走量销售很有帮助，可以很好地展示商品的性价比，能以较快的速度吸引用户的注意力，进而实现大批的流量转化。

优惠标签表现形式有：立减××元、满××返YY、满××减YY、第2件优惠、定金××抵YY等。

资源位标签，增加商品的曝光量

资源位标签也是一种能有效提升商品曝光量的标签。拼多多商家如果参与了平台上一些资源位推广活动，那么商品的搜索结果页、商品推荐页就会显示出相应的资源位标签。

商家的资源位标签主要有断码清仓、生活节、爱逛街、限时秒杀和每日好店等。这些资源位标签同样可以很好地带动商品转化，为商家打造爆款来助力。

依据搜索逻辑优化指标，提升商品排名

在拼多多平台上影响搜索排名的因素有很多，如点击率、转化率、销量、商品的售后数据、DSR评分和评价等。这些因素对搜索结果影响的大小各不相同，再加上搜索展示遵循千人千面的逻辑，因而对商品在搜索层面进行持续的优化，对展示效果将会有很好的作用。

了解搜索排名规则与原理

拼多多平台的搜索排名取决于这几个排名规则：综合排序、评分排序、销量排序、价格排序和筛选排序，如图8-3所示。

图8-3 拼多多搜索排名规则

第八章　爆品打造：有爆点，才会有爆单

（1）综合排序。是指根据商品在某一段时间内产生的销量、价格、质量、商品评分等条件，来综合反映商品的搜索排名结果。商家可以通过提高商品质量分，或者利用推广工具提升商品的基础数据，从而提升综合排序的自然搜索排名。

（2）评分排序。是指根据商品近3个月的DSR平均值的高低来进行搜索结果排序，同时采用千人千面的展示逻辑。

（3）销量排序。是指根据商品在近30天内的销量数据进行搜索结果展示，同时采用千人千面的展示逻辑。

（4）价格排序。是指根据商品价格从高到低或从低到高的形式进行搜索结果展示，同时采用千人千面的展示逻辑。

（5）筛选排序。是指根据买家选择的各个维度的关键词，以及一定的推荐算法进行搜索结果展示。

通过拼多多App搜索入口进入商品的流量，是自然搜索的免费流量，能非常精准地对接相应的商品，对提高店铺转化率非常有效。但是搜索排名受到诸多因素的影响，比如商品的标题、上架时间、点击率、客单价、关键词适配度、转化率、销量、售后服务、DSR评分和商品评分。因为这些因素对搜索排名的影响力大小也各有不同，再加上搜索结果以千人千面的逻辑展示，所以，对于新手商家而言，当这些基础数据几乎为零时，就需要从曝光量、访客量和销量这三个基础指标来提升搜索排名。

通过指标优化，提升商品搜索权重排名

影响搜索权重排名的因素主要有DSR指标、品质退款、买家投诉、客服回复率和询单转化率等。从这些指标优化出发，提升商品的搜索权重排名，将会促进店铺爆款打造。

1. DSR指标优化

DSR指标是店铺中非常重要的一个指标，展示的是消费者对店铺近90

天的"描述相符""物流服务""服务态度"三项的动态评分。商家只有近90天有效评价达50个以上时才会统计评分。如果没有达到,则显示"暂无评分"。需要注意的是,评分系统只统计有效评价,即系统过滤下单、支付和物流存在异常的订单评价后的商品评价。那么为了优化DSR指标,我们可以从以下四个方面着手。

(1)真实地描述商品,不要通过文案或修饰明显的图片等夸大商品优点,保证商品的品质,及时发货。

(2)与有实力、时效高、靠谱的快递公司合作。

(3)对店铺的售前及售后服务进行优化,及时回复用户的疑问。

(4)用正确的方式引导用户给出好评,对用户的恶意订单也要及时地举报。

2. 品质退款率优化

品质退款率是品质退款的表现,是指买家因收到的商品存在质量问题,在发起退款时选择与商品质量相关的退款原因(质量问题、货物与描述不符等)。品质退款率反映的是近30天与商品质量相关的退款单数。如果商品的品质退款率和品质退款订单数两项指标均持续高于类目均值三倍,那商品将受到下架资源位和禁止上资源位的处罚;若持续高于类目均值五倍,商品将受到下架资源位、禁止上资源位和降权的处罚。

所以,为了优化品质退款率,商家一定要及时关注商品的质量问题,并对品质不良的商品及时下架并整改。在日常的店铺运营过程中,要加强对商品的质量检查工作,做到严控商品品质,如实描述商品,以避免质量问题的产生。

3. 客服投诉优化

客服投诉数据显示在多多客服的客服数据中,商家可以通过该途径查看用户的投诉情况。客服投诉一般是指商家的客服因为当日长时间不回复、说话态度不好、辱骂、刷屏骚扰而被买家投诉的次数。

为了解决买家投诉问题，商家可以利用"客服工具"进行分流设置（基础分流、高级分流、离线分流和不分流账号），对各个页面进入的买家进行高效服务，从而提升买家的购物体验，减少买家投诉次数。

4. 客服回复率优化

客服回复率的概念是为了解决商家因为没有及时回复用户的商品咨询，而错失一些销售机会，或商家因为没有及时处理买家的问题，而产生了差评或投诉等问题而提出的。为了提升客服回复率，商家可以从以下五个方面着手。

（1）设置消息提示。在拼多多后台的"设置"界面将通知提醒设置为"桌面右下角提醒订单通知"。

（2）关注回复率警示提醒。当店铺回复率和个人回复率指标处于50%~90%时，平台会给出相应的警示，商家要及时关注。

（3）关注未回复时间提醒。在客服接待窗口中，会显示未回复咨询买家的具体时长，商家要对超时回复及时做出回复。

（4）设置商家客服答疑功能。商家可以对买家高频咨询的问题进行筛选，编辑对应的答案，从而高效回复买家。

（5）利用客服工具。商家可以在多多客服的消息设置中设置自动回复，从而有效提升客服回复率。

5. 询单转化率优化

询单转化是指买家通过咨询店铺客服，由店铺客服促成的销售转化。询单转化率就是进入店铺并咨询下单的人数与咨询总人数的百分比。客服可以使用以下技巧来优化询单转化率。

（1）快速的人工响应，把握住买家咨询后的"黄金10秒"。

（2）对产品服务和卖点进行包装，熟练掌握并传达商品情况。

（3）通过强调性价比、改价权限和赠品来应对买家的砍价行为。

（4）通过价格优惠、发货速度、售后服务活动等实现催单。

通常来讲，进入店铺和主动咨询的用户，一般都是有潜在购物需求的用户，是对商家的商品产生兴趣，同时还想做进一步了解的用户。所以，这部分用户潜在的下单概率是非常高的，商家需要通过优质的客服来"拉拢"这部分用户，从而有效提升询单转化率。

第九章

多多直播，
用视频通路推动商品转化

直播营销作为互联网视频的一个板块，已经被越来越多的用户与商家接纳。作为一种新的营销模式，直播营销开始演变为市场的一股强势力量。所以，拼多多商家也需要跟随市场的步伐，合理地使用拼多多平台的多多直播工具，利用直播营销为用户打造更加真实的购物场景，为店铺树立更加鲜明的形象，从而推动店铺的商品走向畅销之路。

从零开始了解多多直播

多多直播是拼多多平台推出的一个营销工具，它通过直播间的形式为用户营造全方位、多元化的逛街体验，以此提升店铺的转化率。多多直播能够免费获取拼多多平台的亿级流量，通过直播间的高效互动帮助店铺快速获取粉丝，从而有效提升店铺的订单转化率。所以，多多直播是一个非常有效的视频营销工具，拼多多商家可以借助该工具来打造店铺爆款商品。

认识电脑端与手机端的多多直播

多多直播可以在电脑端与手机端分别进行。因为使用端口的不同，这两个途径下的多多直播还是有一定差异的，具体内容见表9-1。

表9-1 电脑端与手机端的多多直播对比

对比项目	电脑端直播	手机端直播
使用门槛	手动设置步骤较多	操作方便，一键开播
场地限制	通常在室内	随时随地开播
可拓展性	可用专业直播配件，如麦克风、摄像头等	受限于手机硬件

（续表）

对比项目	电脑端直播	手机端直播
画面清晰度	高清	清晰度较低
特效贴片装潢	可以实现	不能实现
推荐使用人群	已有一定直播经验或电脑操作熟练的商家	所有商家（推荐新开播商家使用）

电脑端与手机端的多多直播虽然存在一些差异，但在做多多直播时都需要提前做好直播预热，在买家群、社交平台等转发直播链接，进行直播预热与宣传。在直播中，最好将下期的直播时间及卖点等提前进行预告。直播结束之后，进行数据分析及优化，有效地把握直播的时间长度，在个人中心的收藏页持续体现店铺直播。

两大端口的多多直播创建

1. 手机端的多多直播创建

手机端的多多直播操作比较简单，商家只需在手机端的商家App中，通过"工具→营销→多多直播"的路径找到多多直播（确保商家App版本至少升级至2.6.1）。找到多多直播之后，商家就可以随时随地开启多多直播。具体来说，商家进入手机端的多多直播之后，通过以下步骤就可以完成直播创建。

（1）上传直播封面（注意封面图片的比例为1∶1）。

（2）填写直播标题。

（3）选择商品，也就是为直播间添加商品，最多可添加100件；商家如果需要添加其他店铺的商品，则可通过商品ID添加。

图9-1 手机端的多多直播创建

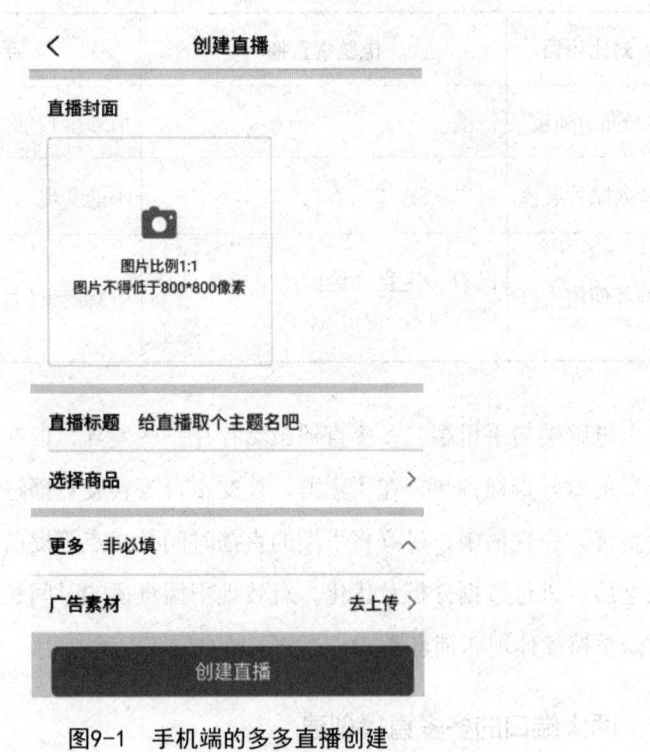

需要注意的是，只有拥有直播权限的店铺才可以开启多多直播，同时添加的直播商品须是合规商品。

完成以上三步之后，就可以准备开播了。此时，商家还可以通过"工具→营销→优惠券→右上角→添加→直播券"来设置店铺的直播券。在开启直播后，商家可在直播间内点击"小红盒"来添加商品。同时，要熟悉直播页面上的各项设置，如图9-2所示。

手机端的多多直播还有一些特殊功能。小红盒为直播间的商品列表汇总，观众可点击"小红盒"查看本场直播的商品清单。当观众在直播间"小红盒"商品列表中点击"想看讲解"时，主播端会弹出"×××想看讲解"，主播可点击"立即讲解"为观众讲解该商品，而点击"想看讲解"的观众将收到讲解提示；同时主播可以点击"查看全部"来查看全部观众想看的讲解商品。

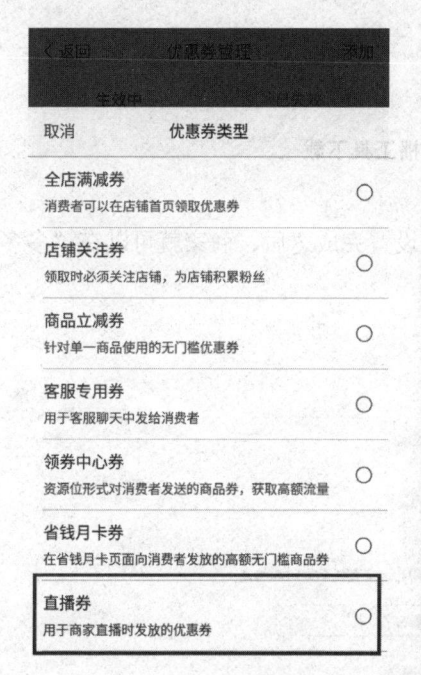

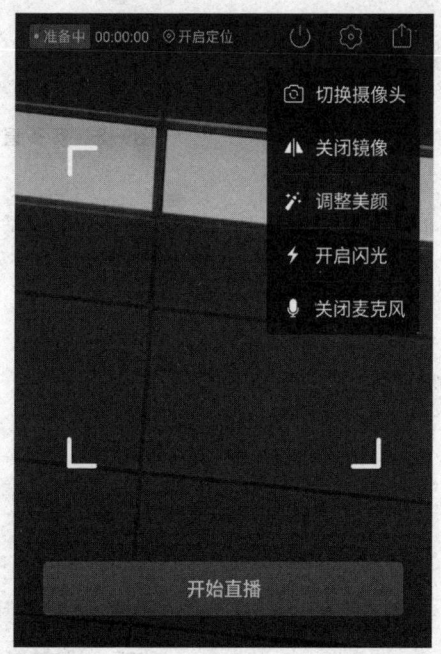

图9-2 添加直播券与直播间设置

2. 电脑端的多多直播创建

电脑端的多多直播的操作与设置步骤稍微复杂一点，下面进行具体的介绍。

（1）直播硬件要求。使用Windows系统台式电脑，并且配置i5以上处理器、4G独立卡、16G内存；外置麦克风和外置摄像头。

（2）直播工具下载。商家通过店铺营销进入多多直播页面，在该页面下载OBS直播工具，同时还可以在该页面查看多多直播的使用教程，根据使用教程安装设置好OBS直播工具，如图9-3所示。

图9-3　多多直播工具下载

（3）创建直播。OBS直播工具安装设置完成之后，商家就可以在"多多直播"页面创建直播，如图9-4所示。

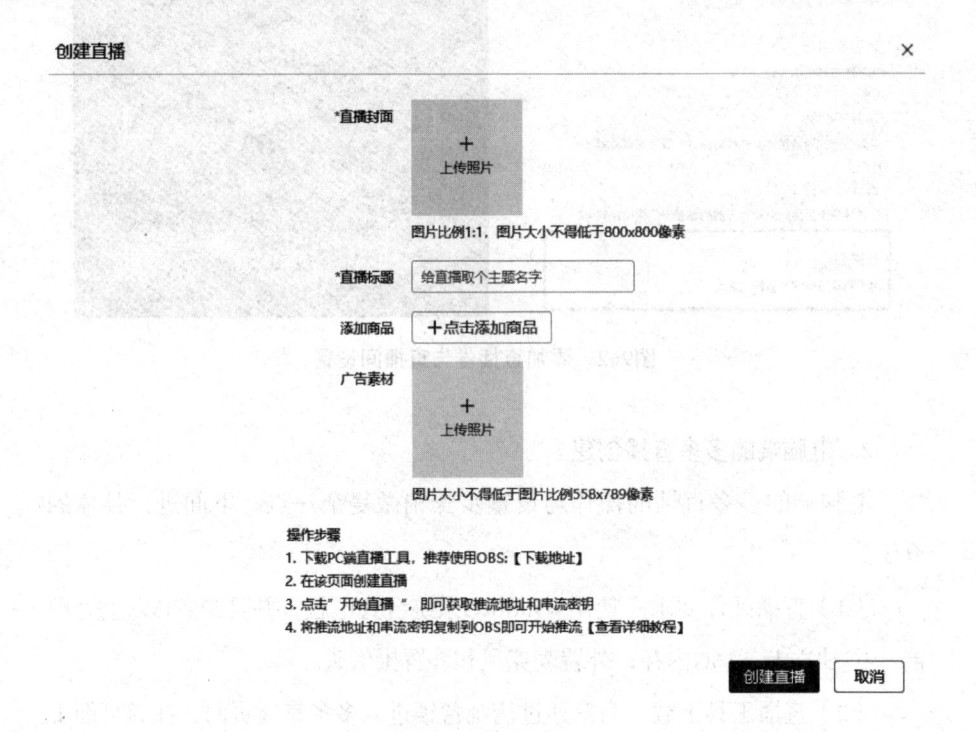

图9-4　电脑端创建多多直播

按照要求上传有效的直播封面，填写直播标题，然后添加商品，上传广告素材，即可完成直播创建。

目前来看，由于移动端的便捷性，大多数商家会选择用手机进行多多直播，而且有多家店铺的商家，可以同时开启多部手机，实现一场直播为多家店铺引流的目的。当然，电脑端的直播也是一个不错的选择，电脑端的直播工具更加健全，对提升直播效果有很好的作用。

做足准备工作，提升直播技巧和营销氛围

拼多多商家通过多多直播做商品营销时，要先做好直播前的准备工作，也就是商家的主播一定要对直播间的商品足够了解，能胸有成竹地向用户介绍商品或者解答用户的问题。此外，主播还要掌握一定的直播技巧，这不仅可以让直播的氛围更加融洽，而且非常有利于带动直播间观众的情绪，从而推动店铺商品的转化。当然，商家的主播在不断的直播过程中，要逐渐培养出自己的直播风格，这样才会形成固定的观看群体，同时还有利于吸引其他用户关注商家的直播，为店铺商品的转化提供更多的可能。

多多直播的准备工作要扎实

商家在多多直播开始之前，准备工作一定要做扎实，主要包括以下三点。

1. 确定合适的主播

对于一般的商家而言，我们可以挑选自己店铺中的工作人员来做主播。在挑选主播时，可以从员工的普通话标准程度，外貌妆容的清爽、大方等方面出发，来选择适合自己店铺的主播。同时，商家还需要多准备几名主播，这样遇到促销活动或直播场次增多时，各位主播就能以更好的状态做好轮流直播的衔接。

2. 主播要做足商品的了解工作

在一场长达数小时的直播中，主播需要不停地介绍商品或回答用户的

问题。因此，商家的主播要熟悉商品的详细情况，甚至可以通过专业人士对相关商品进行更深的了解；通过与客服人员的沟通了解用户最关心的商品问题。

3. 直播环境和直播工具要备好

在直播开始之前，要检查好手机或电脑的电源，确保电量充足、电源稳定；检查网络信号是否稳定；检查所处环境是否安静、明亮；检查样品是否齐全；看看是否需要给主播配备助理。此外，主播用手机直播时，如果没有助理，就需要配备两台手机，便于主播做一些操作及商品页面展示。

同时，在开播前，主播还要梳理好本场直播需要推荐的商品，排好序，加好链接，熟悉商品排序；将可搭配售卖的商品链接排在一起，以便于主播推荐和客户购买。另外，主播还要掌握发券、发红包、镜像显示等操作。

掌握有效的多多直播技巧

到了具体的直播环节，主播就需要使用一定的直播技巧来带动店铺的氛围，让直播间的营销状态非常活跃，从而吸引更多的观众进入直播间，实现直播带货的目的。这一系列直播环节的完成，都需要主播的直播技巧来带动，只有掌握一定的直播技巧，直播才能更加顺畅地进行。

1. 善用语言魅力

用不复杂的语句创造一些口号性话语，吸引买家关注，给买家留下深刻印象。一般5~9个词语组块是大部分人短时记忆的最好状态，同时在大量信息呈现时，可以加入一些由短词语语块构成的特色语句，进而强化买家印象，形成直播特色。

2. 打造主播人设

主播作为直播的引领者，需要具有鲜明的人设，这样在推荐商品时更容易被买家接受。一般来说，商家会根据自己商品的特色来建立相应的主播人设。大多数商家在直播过程中会建立如表9-2中所列的主播人设。

表9-2 主播人设的表现

主播人设	具体特点
亲切、温和人设	可以在直播过程中多提及一些生活化的情景，增加买家的共鸣感和认可度
专业人设	主播要具有扎实的专业功底，能将商品的使用技巧高效地传递给用户
宠粉人设	这是一个高溢价人设，主播一旦建立这样的人设，买家就会逐渐形成依赖，从而愿意为商品支付一定的情感溢价额。因此，商家在直播中要设身处地地为粉丝着想，给予粉丝一定的优惠力度，精准计算每一件商品的价格，让买家买得放心，同时传递出主播贴心的服务态度
反差人设	就是男主播直播女用商品，或女主播直播男用商品，形成反差人设。这种反差感，除了可以吸引买家的好奇心和注意力之外，还能给用户带来强烈的视觉冲击力，以达到吸引更多用户观看的目的

3. 营造魔力氛围

直播卖货环境要营造出一定的紧张氛围，把握直播的时间压力，刺激用户在观看直播的过程中快速下单。这种魔力氛围的营销，可以从主播的精神状态方面着手，也就是主播可以加快语速，掐准说话的节奏，用快语速来呈现商品信息，不断鼓励用户下单。主播这种高昂的精神状态，自然而然地会让买家产生紧迫感。如果主播同时还能有效地把握直播的时间压力，按直播的时间轴说出一些抢单准备术语（"准备好咯""开抢""倒计时"等），就能让买家在高度紧张的状态下快速发生消费行为。

4. 栏目化的直播

为了能让直播更具有吸引力，让用户形成观看的常态，主播可以将直播打造成栏目化的形式，在每一期直播开始和结束时都为下一期的直播做预告。这种直播预告能展示出一定的人性化特点，会给用户更多选择，也便于商家提前锁定目标用户。在这种栏目化形式的直播过程中，主播还可以增加一些抽奖环节等，这样可以有效吸引用户，强化买家的感知，增强用户的黏性。

商家的主播除了要通过直播技巧做自己的特色直播之外，还需要在直播结束后认真复盘和做好售后服务。认真复盘，指的是在某场直播结束后，主播要对直播效果做总结，找到直播中表现较好的一面，然后在以后的直播中继续保持，继而逐渐形成适合自己的直播风格。当然，主播也要看到自身在直播中的不足，对于不熟练的问题，要在后续的直播中多加学习和改进，时刻显示自己对商品的专业性。

在售后方面，除了要按时、保质、保量发货外，还要个性化地回复观众的评论，甚至根据客户已购买商品为他们推荐合适的新商品，这有助于为店铺积累老客户。

遵循平台规则，关注直播注意事项

拼多多商家做多多直播，还需要具备一定的直播资质：直播店铺及其关联店铺状态正常，且无违规记录；直播店铺所属类目非拼多多限制直播的类目。所以，商家做多多直播，一定要按照《拼多多商家直播管理规范》《拼多多商家直播服务协议》的规定，遵循拼多多平台对商家直播行为的管理，规范使用多多直播做商品直播。

平台违规事项的简单了解

做多多直播时，《拼多多商家直播管理规范》是每一位多多商家必须遵循的基本准则。就一场普通的多多直播而言，商家要在直播过程中做到以下三方面的要求，以避免出现违规直播。

1. 主播人员方面

（1）着装。严禁男女主播着装裸露，严禁穿情趣内衣，严禁穿中华人民共和国（包含港澳台）国家机关人员、军队等机构的工作服进行直播。

（2）言辞。禁止宣传非本平台的链接；不得发布不实信息，包括但不限于捏造细节、夸大事实、不实宣传、虚假中奖信息；禁止承诺互动活动有赠品等奖励但并未兑现的行为；严禁发布以色情、赌博为目的的QQ群号、微信号、网站等。

（3）举止。避免出现抽烟、喝酒、耍酒疯、酣睡、醉态等容易引起观众不适的行为；避免做与直播内容或商品无关的事情，包括但不限于玩手机、吃饭、睡觉；避免突然关闭或中止直播；避免长时间直播与直播主体无关的内容（15分钟及以上），且无人互动。

2. 直播商品方面

（1）禁止推广与商品链接描述信息不符的商品内容。

（2）禁止使用绝对化用语进行不实宣传，包括但不限于这些词汇：最高级、全网、顶级、第一品牌、绝无仅有、万能、销售冠军、独家、首选、绝对、唯一等。

（3）禁止推广假冒商品、盗版商品。

3. 其他方面

（1）不得存在易导致交易风险的行为，包括但不限于引导用户进行线下交易、发布外部网站的商品或信息。

（2）禁止通过刷单、炒作等形式，对直播的点赞、评论、分享等互动数据造假或作弊，包括但不限于粉丝数量、推广效果数据。

（3）禁止发布涉嫌导流的信息，包括但不限于发布社交、导购、团购、促销等外部网站或App的名称、超链接、二维码、logo、联系账号、支付宝、银行卡、第三方平台账号等信息。

多多直播注意事项

要想做多多直播，遵循平台的具体规则是基本要求，此外在具体的直播环节，商家还需注意以下事项。

1. 用优质的封面吸引用户进入直播间

商家可以用优质的直播封面来为直播间获取更高的点击率，吸引用户快速进入直播间，从而快速完成商品的付费转化。通常来讲，一张优质的直播封面应满足以下要求，如图9-5所示。

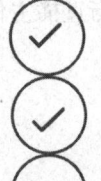

✓ 封面尺寸：800×800；切勿使用拼图、边框装饰；避免图片拉伸、压缩

✓ 图片清晰、简洁美观，保证有人物或商品信息露出

✓ 贴合直播主题，贴近生活，不掺杂无关信息

✓ 图片显示文字不超过10个

✓ 杜绝虚假宣传，过度营销

图9-5　优质直播封面的一些要求

2. 根据提示妥善处理直播中断问题

在直播过程中，多多商家可能会面临一些临时性的问题导致直播过程中断，这时商家要根据页面出现的提示信息的原因及建议进行解决，见表9-3。

表9-3　直播中断问题及解决策略

直播中断提示	中断原因	解决策略
"当前网络卡顿严重，请立即检查"	网络问题导致直播推流失败	检查网络，确认正常后重新开播
"因网络异常或长时间离开直播页面断播，请检查后重新开播"	直播过程中将直播切至后台，或者商家网络不稳定	选择稳定的网络开播，同时直播中确保稳定开播，切勿随意切换
"网络不稳定，请检查网络"	网络不稳定	选择稳定的网络开播
"你因直播存在长时间挂机被拼多多官方下线，请立即修正言行和直播内容，否则今天的直播权限将会被收回"	长时间直播挂机导致直播中断	重新开播，且保证不再挂机即可

3. 直播中的注意点

（1）主播要多看镜头，多与观众互动，不要出现空镜头，也不要长时间不说话。在直播初期观众较少时，主播要做到与每一位进入直播间的观众打招呼，给观众一种重视感。

（2）对观众提出的问题要及时回复，并且要对所有问题都做出回应，这样才有利于给提问者以及其他观众制造更好的观看体验感。如果主播没有机会回复用户的问题，那么助理就需要及时关注店铺的动态，及时回复观众。

（3）对多件商品进行讲解时，需要控制好每一件商品的讲解时间。

（4）配备专人监控直播间的氛围，当直播间人数较少、互动较少时，及时推出小活动，提升观众的热情。

（5）助播要及时引导主播的情绪，让其保持激昂的状态。针对直播间出现的负面舆情，主播要及时进行引导，最好在其他的渠道中解决相关的问题，不要让这种负面情绪对其他观众产生影响。

多策略引流，让更多的人走进直播间

商家做多多直播的目的，就是希望通过一种更加真实的购物场景来吸引消费者进入直播间，从而提升直播间的流量与人气，促进商品销售。所以，在多多直播的一切准备工作妥善完成之后，商家还需要学会引流，让潜在的消费群体聚集在直播间，从而完成商品转化。

了解拼多多平台的直播流量入口

拼多多平台给予正在直播店铺的流量入口是吸引用户进入直播间的主要渠道，流量入口主要有以下这些。

1. 所有用户都可以进入店铺直播间的入口

（1）在商品列表、搜索商品列表、推荐商品列表中，商品名前带有的"直播中"标签。

（2）店铺主页出现的直播悬浮窗。

（3）直播间商品的详情页悬浮的直播窗。

2. 店铺收藏用户可以进入直播间的入口

（1）通过"个人中心→店铺收藏"接收收藏店铺直播开播的"红点"提醒。

（2）收藏店铺列表中，直播店铺将会被置顶。

拼多多直播间的引流策略

拼多多直播店铺的引流入口会随着平台功能的逐渐完备而丰富，但是针对拼多多平台目前的这些直播间流量入口，商家可以通过以下五种策略来为店铺引流。

1. 直播间优先选择处在活动资源位或正在推广的热度商品

店铺中能够上活动资源位，或被选择做推广的商品，它们本身就具备一定的爆款潜力，所以商家在直播间的"小红盒"中最好添加这类商品，从而利用有热度的商品为直播间引流。当用户逐渐进入直播间之后，点击"小红盒"中的商品，通过"想看讲解"提醒主播对该商品进行讲解，而在每一类被讲解的商品详情页出现直播间的悬窗，则会让更多的人看到直播间并进入。

2. 稳定的直播频次增加店铺直播间的曝光量

目前，拼多多平台给了直播间较多的流量入口，这些流量入口能很好地提升店铺直播间的曝光量。多多直播暂时还处于初级阶段，随着直播功能的逐渐完善，应该还会有更多的流量入口来让用户进入店铺直播间。所以，为了给店铺未来的直播带货打下坚实的粉丝基础，拼多多商家的直播频次最好保持稳定。在店铺的直播前期，商家甚至可以每天直播，这样，既可以让自己的店铺获得平台的大量流量，又可以不断地磨炼直播的技巧，使主播人设深入粉丝的心底。

为了获得有效的浮现权，一般建议单场直播维持在3~5小时，这样不仅可以养成粉丝在固定时间看直播的习惯，而且可以搭配店铺直播运营做好宣传预告工作。同时，每天可以多安排一些直播的场次。如果每天直播的场次较少，建议每场直播开播的时间保持在18：00~23：00，当然也可根据店铺商品的需求特性及粉丝喜好来确定更加合理的时间。

3. 提升店铺的关注量

对于正在直播的店铺，平台系统会自动向关注者推送直播消息，因此，商家在每一次的直播过程中，都要提醒用户关注店铺，增加店铺的粉丝，以此增加直播间的流量与人气。为了让进入直播间的用户关注店铺，我们可以通过以下技巧来实现，如图9-6所示。

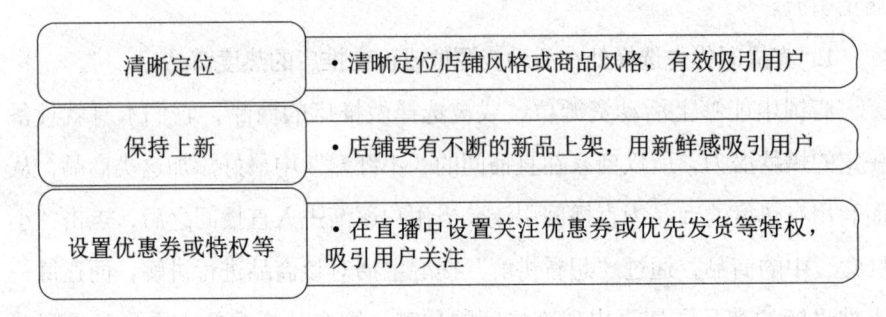

清晰定位	• 清晰定位店铺风格或商品风格，有效吸引用户
保持上新	• 店铺要有不断的新品上架，用新鲜感吸引用户
设置优惠券或特权等	• 在直播中设置关注优惠券或优先发货等特权，吸引用户关注

图9-6　店铺关注度提升技巧

4. 高吸引力的直播封面与标题

大多数直播入口都会展示多多直播的封面和标题。而且，当封面或标题具有吸引用户的点时，就能有效地吸引用户进入直播间。所以，商家就要打造具有高吸引力的直播封面和标题。就直播封面而言，商家可以选择本场直播中主推的商品图，或高颜值主播与商品的合拍照等作为直播封面。就直播标题而言，要简单明了，直击直播的亮点与主题。

5. 各类媒体平台分享引流

在多多直播开启之前，商家可以在一些社交媒体平台（微信平台、QQ平台、微博平台、抖音平台、快手平台等）分享店铺的直播链接来进行直播预热。在直播开启之后，商家同样可以通过这些渠道进行直播分享，同时还可以鼓励进入直播间的用户进行直播分享。这些社交媒体平台能覆盖非常广泛的人群。只要商家的直播有足够的吸引力，就能吸引各个渠道的用户进入直播间，增加店铺的关注人群。

多多直播的引流策略是非常丰富的，商家可以通过对不断完善和更新的多多直播工具的了解，利用基本的直播思路，巧妙地使用各种工具不断地为直播间引流，将进入直播间的用户留下来，并让他们能够持续地观看直播，从而为直播间的各类直播商品积累有效的转化人群。

第十章

服务与维护跟进，
借鱼塘营销实现快速获利

在拼多多店铺的运营过程中，商家需要尽可能全面地掌握店铺运营方面的知识，同时还要站在一个更加宏观的视角对店铺运营进行审视，及时发现并解决店铺运营过程中出现的各种问题。这种及时有效的问题解决方案，能有效地拉近商家与用户之间的关系，提升用户的满意度。

使用沟通技巧，有效回复客户

在拼多多店铺经营的过程中，保持良好的用户服务理念是缩减用户与商家之间距离的有效方式。用户有所问，商家有所答，这样的服务模式，更容易提升用户的购物体验，还能提升用户对店铺的信任感。所以，拼多多商家需要掌握有效的回复技巧，让客服工作体现出友好、和善、有耐心，才更有利于店铺商品转化。

高质量客户沟通的原则与流程

拼多多商家要高质量地回复用户，除了在多多客服中设置快捷回复之外，还需要从客户沟通的原则和流程出发，通过有效的沟通，来提升用户的满意度。

1. 拼多多商家与用户沟通的基本原则

（1）多肯定用户的观点与想法。商家可能会遇到各种各样的用户问题，无论这些用户怎样表达他们的观点，商家的客服人员一定要保持理智和理解，用肯定的态度来应对用户的各种问题。不可轻易情绪化，不可与用户对骂，这样会让整个店铺遭受一些不好的投诉，从而影响店铺的评分。所以，客服人员在服务的过程中，要学会赞美用户的眼光、品位等。这样的赞美还能提升店铺商品的档次。

（2）服务态度要热情。为了体现客服的热情度，客服人员一定要通过语言体现出对用户的尊重，比如，多使用"谢谢""您""请"等词汇；灵活使用表情包，表情包的幽默与可理解性能化解沟通中的很多问题，达到意想不到的效果；客服人员的回复内容要尽可能比用户的提问内容多，这能让用户在潜意识中体会到被重视之感。

2. 拼多多商家与用户沟通的基本流程

（1）准确了解客户的需求。客服人员必须具备一定的了解用户心理的能力，也就是能通过与用户的沟通及时获取信息，了解不同用户的差异化需求。

（2）推荐可靠的商品。在对用户需求了解的基础上，商家就可以向用户推荐相应的商品。为了提高推荐的可靠度，客服人员可以根据用户的需求，将商品与客户需求的契合度进行排列对比，一款一款地向用户推荐，将每一款商品的亮点、用法、注意事项等介绍给用户，甚至还可以将商品带给用户的附加值陈述给用户。

（3）以优惠策略促成订单。在细致的推荐之下，用户会对产品产生浓厚的兴趣，此时，为了让用户快速下单，客服人员可以将店铺的优惠券推出来，同时将退换货、包邮等售后服务提出来，消解用户的疑虑。

"稳、诚、快、巧"的沟通口诀

在这些常规化的沟通原则与沟通流程之下，为了有效与客户沟通，客服人员还需要注意沟通中的四字口诀：稳、诚、快、巧。

（1）稳，是指客服与用户沟通时要沉住气，在面对用户的无理取闹、出言不逊时，要用漂亮的语言进行回复。也就是说，客服要好言好语地与用户进行沟通，同时还要有理有据，这样容易消除客户的负面情绪，也利于解决相应的问题，还能避免差评等不良后果的产生。

（2）诚，是指客服要诚实地回答用户提出的与产品质量、规格等有关的问题。如果客服只是保持着促成交易的态度，对店铺商品进行不切实际的描述，这样即使用户下单购买了商品，也会因描述不符而给店铺带来诸多负面影响，导致退换货和差评情况频出，影响店铺的长期发展。所以，商家的客服一定要对商品有一定的了解，能如实地向用户提供商品的质量等信息。

（3）快，是指客服的回复效率。客服能在第一时间有效地回复用户，对交易促成具有重要的作用。为了避免因为回复速度慢造成用户流失，商家要根据拼多多平台的客服回复规律，确定店铺客服人员的在线状态，及时有效地回复用户。

（4）巧，是指客服回复用户时要能够随机应变。比如，用户向客服咨询相关衣服的尺码是否适合自己时，尽量不要直接将参考尺码资料发给用户，而是要与用户沟通，对用户平时的衣服尺码进行了解，然后根据自家商品的属性，向用户推荐相应尺寸的衣服。这种服务模式不仅能够体现出客服负责任的态度，还能加深用户对店铺的好感，有利于提升店铺形象。

必要的沟通技巧，提升用户体验

客服人员与用户之间的良好沟通，往往是促成用户下单的一个关键因素。当然，客服人员与用户的沟通，又不仅仅局限在询单转化方面，而是贯穿在整个服务流程当中。优质的服务，对提升用户体验有着重要的促进作用。下面介绍一些常见的客服聊天沟通技巧，见表10-1。

表10-1　常见的客服聊天沟通技巧

使用场景	沟通技巧
售前咨询	您好，感谢您光临×××店铺，我是客服×××，很高兴为您服务，请问有什么可以帮您吗？
商品推荐	您好，非常抱歉，由于我们的库存不足/工作疏忽，给您的购物带来了不便，我们给您推荐另外一款性价比更好的商品，来满足您的需求/弥补您的损失，请问这样可以吗？

第十章　服务与维护跟进，借鱼塘营销实现快速获利

（续表）

使用场景	沟通技巧
额外需求	您好，我们的商品目前已经是最低价了，店铺都是以最低、最优惠的价格在出售商品，由于是小本经营，所以店铺暂时还没有足够的资金来准备充足的赠品，但我们的商品能给您带来最优质的的体验，物超所值，希望您能理解
买家砍价	您好，我们的商品都是明码标价，按照拼团价格走，暂时不能砍价，还请您理解；同时，我们店铺的商品，都是与厂家合作的正品，请您放心购买
客服催单	您好，我们店铺正在活动期间，价格非常优惠，并且店铺商品都是热销商品，吸引了很多用户购买。由于活动期间订单量增加，您要是今天下单的话，我们会尽快安排库房为您当天发货；同时，店铺还有优惠券等您来领取，领取优惠券下单更实惠
物流快递	您好，非常抱歉物流快递给您的购物带来了不便，我们已经为您联系了快递公司，当前商品已经到达您所在的地区，快递小哥会尽快为您配送，这是快递小哥的电话：×××，请您保持电话通畅。如果您还有其他需要，请及时跟我们联系

　　客服人员与用户之间的沟通技巧，除了以上这些之外，还需要客服人员在实际的工作中不断地进行积累，通过与用户的不断沟通，逐渐摸索出用户对自家商品会有什么更加具体的需求，对这些需求进行搜集，然后针对这些需求，不断地提升和改进客服质量。

订单的全流程服务，用物流感动用户

物流服务也是拼多多商家需要注意的一个服务板块。在当下，由于生活节奏的加快，人们对物流时效的要求也越来越高。商家为用户提供的物流服务，同样对用户有着重要的作用。

按时限要求完成各类订单的发货

1. 拼多多发货时限

发货是拼多多商家给用户提供物流服务的起点，拼多多平台对商品发货有非常严格的规定，而且针对不同的商品，它们的发货时限要求也有所不同，见表10-2。

表10-2 各类商品的默认发货时限

商品类型	发货时限	备注
常规商品	48小时	常规商品是指商家在中国大陆范围内直接发货的商品
直供、直邮商品	120小时	直供商品指商家从中国大陆海关指定的保税仓发货的商品；直邮商品是指商家从海外（指中国大陆境外，包括香港、澳门、台湾）直接发货的商品
预售商品	商品标题标示的发货时间	无

第十章　服务与维护跟进，借鱼塘营销实现快速获利

以上是拼多多平台对商品发货的一般时限要求。如果商家在拼多多后台上架商品时选择承诺更短的发货时限，则发货时限以商家在管理后台选择的以及在商品详情页面承诺的发货时限为准。当然，这些发货时限都是自订单成团时算起。

所以，订单成团之后，商家需要及时安排仓库，在规定的时间之内完成商品发货。同时，商家在管理后台点击发货之后，还需要保证24小时内更新物流揽件信息。

2. 拼多多商家发货注意事项

拼多多商家除了要遵循平台的发货时限按时发货之外，还需要在发货的过程中注意以下细节问题。

（1）面对同一位买家的多个订单时，需要提前与买家联系，并确定是否可以合并发货，同时在订单上做好备注。

（2）出现发货单号错误时，如果快递单号导入超过24小时，目前无法修改物流单号，商家可在订单详情里进行备注，并及时通知买家，以免买家进行投诉。

如果快递单号导入没有超过24小时，有以下3个修改入口可以修改快递单号。

批量导入与单条导入。批量导入，在批量导入的页面底部，商家可以直接看到修改入口，仅为商家展示上一次的发货记录。单条导入，导入的运单号在导入记录处可修改。

在后台"订单详情页→物流信息→有修改物流信息"路径下，可以修改输入正确的快递单号。

在"订单管理→批量发货→单条导入"路径下，输入订单号以及正确的快递单号，确认导入后会弹出提示窗口，点击"覆盖导入"。

拼多多商家的物流服务离不开与物流公司的合作，所以，商家要与服

务质量高、实力强、速度有保证的快递公司合作，为用户提供高效的物流服务。此外，商家还需在快递公司揽件之后，对发货现场进行仔细检查，确定没有遗漏包裹；根据店铺的销售情况对商品库存做好管控，及时进货、补货和调货，保证货源充足。

退款/售后服务要跟进

在店铺运营过程中，商家还要面临退款/售后问题。当出现用户退款/售后问题时，商家要及时与买家进行沟通，做出反馈和应对，以处理好订单的售后服务。

商家可通过"售后管理→售后工作台"在"退款/售后"页面处理存在相应问题的订单，如图10-1所示。

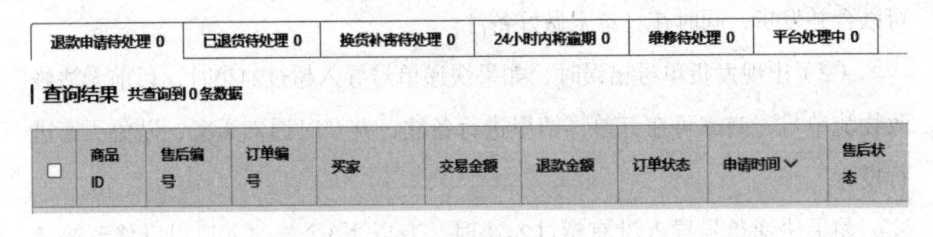

| 退款申请待处理 0 | 已退货待处理 0 | 换货补寄待处理 0 | 24小时内将逾期 0 | 维修待处理 0 | 平台处理中 0 |

| 查询结果 共查询到0条数据 |

	商品ID	售后编号	订单编号	买家	交易金额	退款金额	订单状态	申请时间∨	售后状态

图10-1　退款/售后处理页面

当店铺正处在大促销时段时，会面临退款的高峰期，此时，商家要想快速、高效地自动处理售后退款任务，可以启用售后小助手，如图10-2所示。有了售后小助手，商家就不需要再额外调配人力到售后环节。

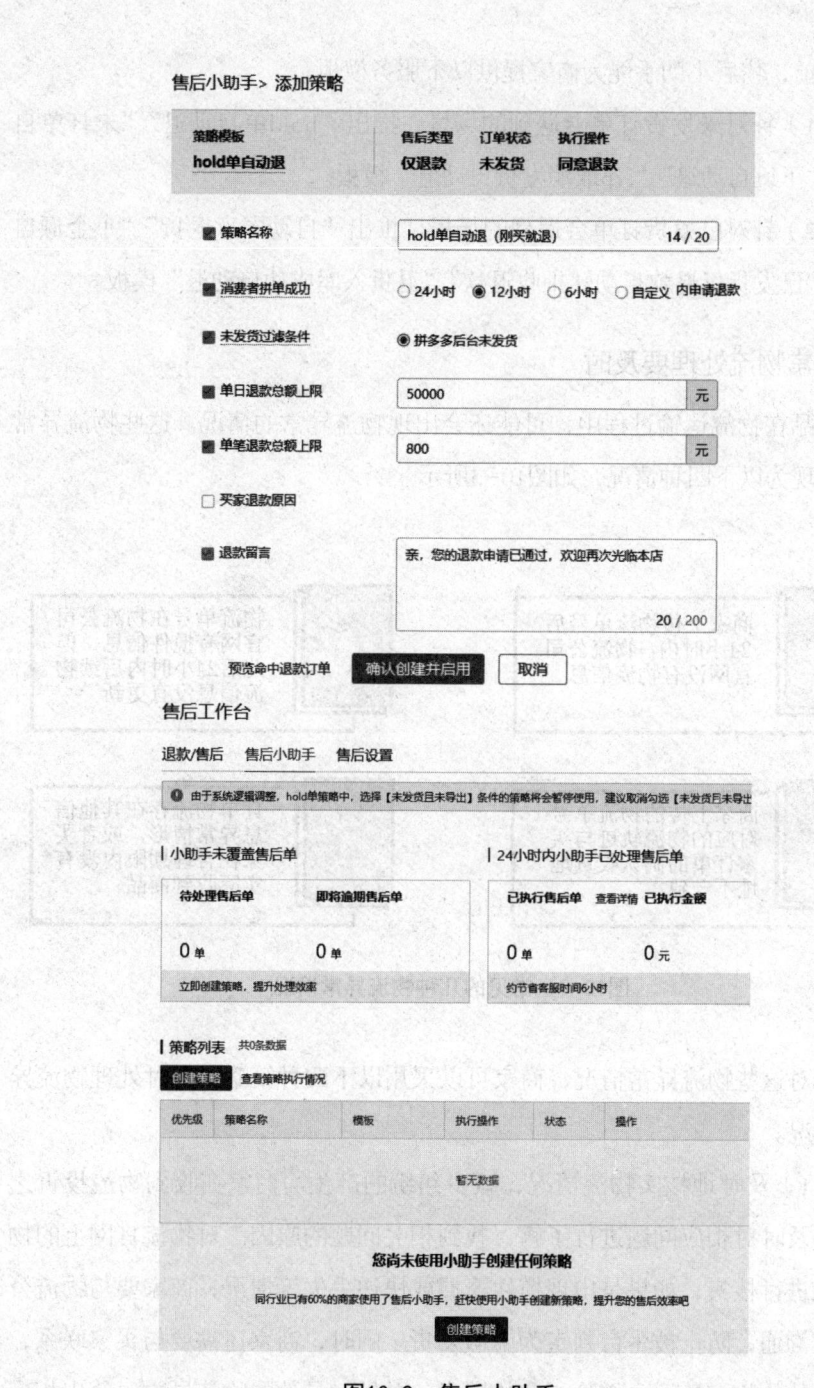

第十章　服务与维护跟进，借鱼塘营销实现快速获利

图10-2　售后小助手

目前，售后小助手能为商家提供以下服务模板。

（1）针对未发货订单会遇到的场景，推出"hold单自动退""未打单自动退""下班自动退""erp取消发货自动退"模板。

（2）针对已发货订单会遇到的场景，推出"自动同意退货""小金额自动退""已发货仅退款自动转拒收退款""退货入库成功自动退"模板。

异常物流处理要及时

商品在物流运输过程中，可能还会出现物流异常的情况。这些物流异常主要表现为以下四种情况，如图10-3所示。

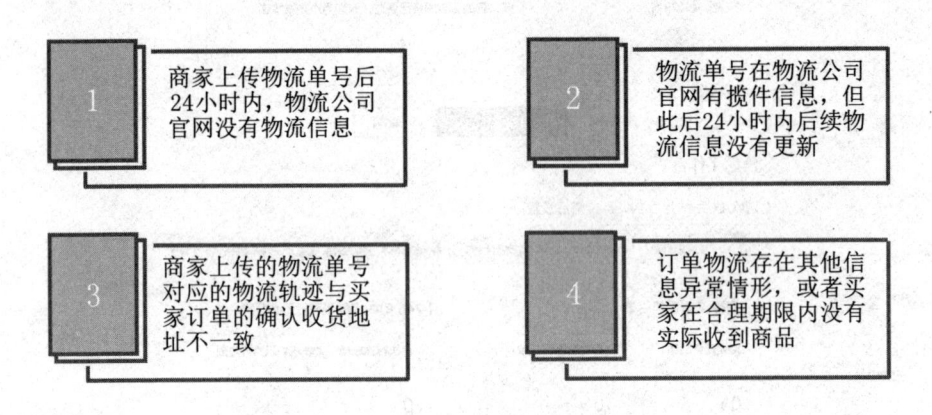

1	商家上传物流单号后24小时内，物流公司官网没有物流信息	2	物流单号在物流公司官网有揽件信息，但此后24小时内后续物流信息没有更新
3	商家上传的物流单号对应的物流轨迹与买家订单的确认收货地址不一致	4	订单物流存在其他信息异常情形，或者买家在合理期限内没有实际收到商品

图10-3 常见的几种物流异常情况

针对这些物流异常情况，商家可以采用以下四种策略，及时处理物流异常的情况。

（1）及时地核实物流情况，减少纠纷的产生。商家在收到物流投诉之后，要及时对相应问题进行了解，找到相关问题的原因。对物流官网上的物流信息进行核实，如果是出现揽件遗漏或快递丢失等情况，商家要与物流公司进行沟通，防止被平台判定为虚假发货。同时，商家还需要与买家联系，说明具体的物流情况，消除买家的疑虑，并针对具体的物流异常，给出相应的弥补方案，给买家一定的保障。

（2）做好商品库存监控，防止商品库存不足。当商家库存不足时，由于不能及时发货，会导致物流订单大量堆积。所以，商家要根据自己的经营实力和发货量水平，确定出合理的库存区间[①]，防止库存不足影响正常发货和库存过高致使资金积压严重。

（3）确保在24小时内更新揽件信息。为了有效地防止物流异常信息的出现，商家需要及时更新物流信息。

（4）选择优质的物流公司。在物流公司的选择方面，商家要选择评价和口碑较好的物流公司，以降低物流异常情况出现的频率，减少物流投诉和售后问题，从而让店铺的物流得分保持在一个较高的水平，避免降权情形的出现，让店铺流量和销量不受物流的影响。

所以，物流服务也不可忽视，商家要设法用有效的物流来提升店铺形象，增加店铺流量，促进店铺销量。

[①] 商家进行库存管理时，可以使用库存周转率公式进行库存管理。库存周转率=销售的物料成本÷平均库存持有量。库存周转率越大，表明销售情况越好，库存水平可以高一些；反之，库存水平就要低一些。

日常维护：店铺长效盈利的基础

拼多多店铺的良好运营离不开日常的维护工作。一般来讲，日常维护主要集中在商品维护、客户维护和店铺维护三方面。商家要根据这三方面的特点以及店铺的实际情况，在运营中跟进相应的维护工作。

上新商品，用新意做商品维护

商品是拼多多店铺中的主角，商品有没有吸引力，能不能打动用户，关键在于商品有没有新意。商品的新意包含很多方面，可以是款式、颜色、尺寸大小，也可以是性能、功效等。所以，做商品维护需要从新意入手。具体来说，商家可以从以下两点出发，做好商品维护。

1. 坚持做商品上新

商品上新包括两方面的内容：一是拼多多商家要及时补充店铺商品的种类；二是拼多多商家需要了解和熟悉店铺商品，及时关注市场中的同类商品的更新与升级，发现店铺商品的更优质替代商品或新品，及时上新。

通过商品上新，商家可以给用户更多的选择，同时吸引更多的用户关注商品，这对商品的销量举足轻重。当然，对于店铺的新品，商家还可以报名参加一些新品活动，这样更有利于新品销量的积累，从而使基础评价、点击率、转化率实现同步的提升，进而为店铺带来更可观的流量和利润。

2. 优化商品标题、首图和详情页，实现商品维护

对商品的标题、首图和详情页进行优化，提升商品的搜索权重和搜索排

名也是商家在经营过程中需要时时维护的方向。商家可以根据店铺的销售情况，有选择性地对商品首图和轮播图进行完善[①]，对商品标题中的关键词进行更新，同时把握住活动的机会，提升商品销量。

完善服务系统，实现客户维护

我们做客户维护，就是为了给店铺带来更多的客户，从而提升店铺的流量，以提升商品转化率。做客户维护，一般都是从服务着手。

1. 店铺的售后服务要到位

售后服务是促进用户再次消费的有效方式，也是保持用户持续消费的前提，因此，售后也属于营销范畴。为了提升商品的销量，拼多多商家在售后服务这一方面需要多加注意。

（1）售后服务标准要规范。售后服务人员要做到温暖、亲切，认真应对每一位用户的售后需求，用深入人心的话语来传达自己的服务诚意，全心全意地为用户服务。

（2）客服人员素质要达标。客服人员在给用户提供服务的过程中，在语言沟通方面一定要多加注意，要多使用委婉、礼貌的话语。这样能让用户时时感受到被尊重，同时也能体现出客服人员的高素质。

（3）售后沟通体系要建立。客服人员可以按照工作中的实际需求，对已购商品的用户进行回访，征询用户的使用体验以及相关意见，从而加强商家与用户之间的关系，发现用户的潜在需求，便于为用户提供相应需求的解决方案。完善的售后沟通体系有利于激发用户的复购行为。

2. 顾客关系管理要及时

留住客户，提升客户的复购率，一直都是商家提升商品转化率的一个有效措施。而要留住客户，提升客户的复购率，则离不开顾客关系管理。顾客关

---

① 商家在更换商品详情页内容时，要一张一张地更换，比如，先从最底部的开始更换，而且最好选择在晚上12点之后更换，这样对商品权重影响会更小。

系管理的流程一般是建立客户档案,通过售前、售中、售后环节的服务获取客户的信息(拼多多ID、等级、姓名、电话、收货地址、年龄、爱好等),并将客户的这些基本信息登记在册;建立成交档案,将客户购买的商品的类型、规格、型号、使用情况和购买价格等登记在册,以便在后续的购物环节向用户推荐商品;把用户当成是自己的朋友,通过添加社交联系方式来增进与用户的亲密度,从而提升老用户的复购率,让老用户带动店铺商品的转化。

在使用客户档案进行顾客关系管理时,要对客户档案进行动态管理,因为客户的需求和喜好等会因为时间的不同而有所变化,所以要及时根据客户的需求和喜好等的变化而做动态调整和补充等,以全面了解客户。

随机应变,做好店铺维护

随机应变,做好店铺维护,就是根据市场的发展和消费者的需求变化,店铺的布局也要与时俱进。为了让店铺在激烈的竞争环境中保持优势,实现良好运营,商家可以从以下三方面着手来做店铺维护。

1. 规划店铺的发展方向

拼多多商家在店铺创建之初就需要对店铺发展确立一个初步的计划,然后,随着店铺经营的持续,就可以根据经营情况来将店铺发展规划清晰化。在这样的规划机制下,店铺成员要高效配合,根据实际需求建立店铺的每一步发展计划,明确店铺的主推款、利润款等。

2. 跟随拼多多平台的发展动态进行店铺调整

随着时代和市场的变化,拼多多平台在不断进行着调整、优化和更迭,所以拼多多商家也要按照平台的新规、新工具和新方法等来进行店铺运营调整,这样才能更有效地适应市场发展的需求。

3. 时时关注店铺动态

商家要对店铺的销量、利润保持敏感度,时时关注这些动态信息。一般情况下,高销量对应着高利润。如果二者之间出现偏差,如高销量出现低利润，或低销量遇到高利润，这一般都是店铺经营异常的表现。所以，商家要及时关注店铺动态，对店铺当下存在的问题进行分析，寻找客观原因（季节、潮流风尚等）与主观原因（店铺上新不及时、优化不及时、视觉设计不到位），以便及时采取策略调整店铺的经营状态。

总之，商家要花费较多的时间和精力来对店铺进行日常的维护，这样才更有利于提升店铺的营业额，从而实现盈利。

数据化运营：提升店铺经营能力的关键

数据化运营，是大数据时代商业运营的重要指导。拼多多商家无论是选择店铺商品，还是进行店铺的日常运营与维护，都离不开数据的指导。数据可以说是店铺运营过程中的一个工具，这个工具利用好了，能让店铺经营更加科学化，给店铺带来可观的效益，促进店铺良好的发展。所以，拼多多商家在店铺经营过程中要注重数据化运营，以数据作为经营参考工具，这样才更有利于店铺的可持续性运营与发展。

对店铺数据化运营的理解

数据在当下的电商运营中起着重要的作用。比如，在入驻拼多多店铺之前，我们就需要利用市场数据发现什么样的商品才是热销商品，从而确定自己要卖什么样的商品，以及卖某种商品的成本在一个什么样的水平、有多大的利润空间，需要投入多少资金才能启动店铺。在确定店铺商品之后，还需要对商品的竞品数据进行分析，了解这些竞品的销量、价格区间和市场热度等。在综合参考各方面的数据之后，我们才更有底气决定是否需要入驻拼多多平台，而且在确定入驻拼多多之后，还需要对拼多多站内的数据进行分析，了解站内同类商品的销售情况等。

在认识到数据的重要性之后，我们再来理解电商数据化运营。对拼多多商家来说，数据化运营，指的是对经营反馈数据进行管理和分析，发现经营过程中存在问题的环节，并得出有效的改进措施来完善店铺的经营策略。

在拼多多平台的数据中心，店铺经营情况的数据主要表现为：交易数据、商品数据、服务数据和流量数据。其中，交易数据、商品数据及流量数据都是店铺数据化经营的重要参考依据。

数据化运营除了要关注店铺内的数据之外，还需要关注店铺外其他同类店铺的数据，从而确定自己店铺的获利空间，做好自家店铺的资源评估、存货水平控制，这样更有利于制订店铺的经营计划与目标。

数据化店铺运营的重要作用

数据化店铺运营具有重要的作用，主要体现在以下三个方面。

1. 店铺爆款打造

在打造店铺爆款商品时，引流是关键，不管是站内外免费渠道推广引流，还是付费推广活动引流，甚至是多多直播引流，都离不开对点击率数据、行业数据的分析与对比。所以，数据是打造爆款的基础，只有通过对数据的研究，才能在推爆款时有清晰的思路来实施相应的措施。

2. 助力新品营销

商家可以根据已有商品的销售信息反馈，了解店铺阶段性的经营情况，及时调整店铺的经营模式，从而把握新品上架的节奏和营销思路。

3. 维护店铺售后质量

售后的客服数据（5分钟回复率、3分钟人工回复率、平均人工回复率、询单转化率和客服销售额），是店铺改进服务系统的重要依据。商家通过对这些数据指标的研究，明确相应售后提升的方向，对改善店铺的售后工作具有重要的作用。

店铺数据化运营的基本功

数据化运营的最终目的是实现更高效的商品转化，所以，在店铺的经营过程中，对数据的关注要贯穿商品转化的始末，要根据市场的需求空间，做好合理的商品优化与布局。当然，这样的商品优化与布局，最终的落脚点还是通过店铺和商品层面最基本的优化手段和方式来实现的。比如，针对淡、旺季的市场需求，商家可以将经营类目进行拆解，从而寻找到不同季度的热销商品，这样就可以将与商品相关的关键词等进行优化，甚至为每一季度的商品做好备选款。

通常，电商数据化运营的基本功体现在以下五个方面，如图10-4所示。

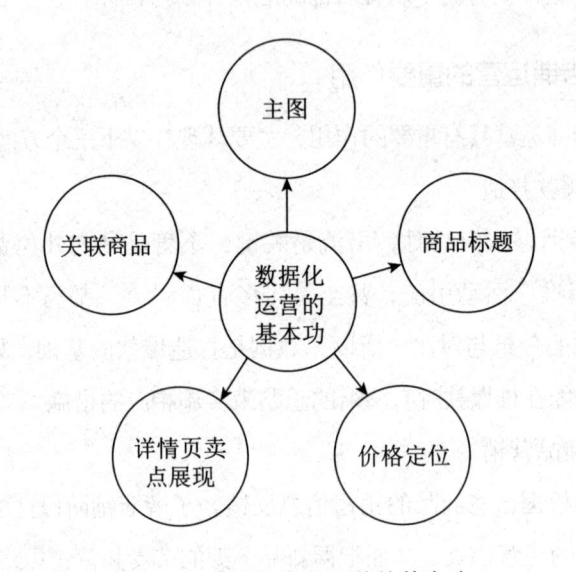

图10-4 电商数据化运营的基本功

（1）主图。它是点击率的代表，是引导用户通过图片发生点击与购买行为的关键。

（2）商品标题。它是商品属性的体现，同时匹配搜索流量的关键。

（3）价格定位。店铺商品要做好SKU规划，将单品的客单价调整在可控的合理范围之内。给商品定价时，可参考同行业的同款商品或类似商品的价格区间，再根据自身商品的特性，确定合理的商品价格。

（4）详情页卖点展现。通过精准的商品定位和用户定位，提炼商品卖点,完整地展现在详情页上。

（5）关联商品。全方位了解商品特性,有效地搭配关联商品,也是提升店铺转化率的一种捷径。

四步建立"鱼塘",用鱼塘营销带动商品转化

鱼塘营销是网购平台比较盛行的一种营销模式。它的营销逻辑是先将用户(鱼)吸引到店铺(鱼塘)中,然后通过对这些用户的有效营销,让这些用户体验到该店铺的优势,从而实现用"鱼"赚钱的目的。鱼塘营销的关键是建立"鱼塘",然后是"养鱼",这样,等"鱼"养到一定的数量时,这些"鱼"将会带动店铺商品的转化,从而为店铺带来源源不断的收入。

那么,如何建立鱼塘,如何进行鱼塘营销呢?通常,鱼塘营销的创建需要四步。

第一步:流量池构建

鱼塘营销的首要举措是构建鱼塘,对于拼多多商家来说,就是构建流量池。有了流量池,商家就会建立起一个初步的客户圈。有了这个客户圈,人脉就会不断拓展开来,客户就会从各个角度进入,于是,流量池就实现了它真正的目的——汇集流量。

那么,商家该怎么建立流量池呢?这就需要依靠拼多多背靠的微信这棵大树。

具体来说,首先,拼多多商家要先申请几个个人微信账号。其次,尽可能真实地设置自己的微信个人资料信息(头像、昵称、个性签名),以增强别人的信任感,这样在不同的渠道中添加别人为微信好友时更容易被接受。

最后，通过微信朋友圈展示自己或好友与店铺商品在一起的生活情节，这样你的各个微信号中的好友就会对你及你的商品有一定的了解。

需要注意的是，商家在朋友圈展示自己商品的真实生活情节时，要连续进行。一般认为，每天发布一条朋友圈，同时坚持发两周以上，效果会更好。当然，商家在微信朋友圈展示商品时要尽可能生活化，这样就不会明显地暴露你的卖家身份，以免引起微信好友的反感。

第二步：精准吸粉

流量池构建好之后，就可以引入"鱼苗"了。"鱼苗"的引入，是一个比较精准的过程。也就是说，要选择合适的"鱼苗"引入店铺当中，并且在吸引"鱼苗"的这一过程中，"鱼饵"起着至关重要的作用。

（1）售后客服主动通知客户添加微信送红包。客服要承担起传递信息的工作，通过向用户发送信息的方式，告知用户可以通过添加微信进群领红包，这样就能靠红包吸引用户进群。

（2）导出用户订单，添加用户为好友。商家可以将每天的用户订单直接导出，然后根据用户的电话号码添加用户为微信好友。不过在这一过程中，商家只能添加到那些以手机号为微信号的用户。同时，商家在添加微信好友时，要注意拼多多平台的规则，注意不要触及导流这条边界线，否则将会面临缴纳押金的风险。

（3）用售后卡告知用户可以添加微信领取返现红包。商家可以在寄出商品时，附上一张带有商家微信号的售后卡，从而通过吸引用户添加微信来引流。

（4）短信通知用户添加微信领取奖品。商家直接以短信的方式告知用户添加商家微信领取奖品。比如："我们××店铺正在举行优惠活动，添加微信××即可参与，神秘礼品等你来拿。"编辑好这样的短信之后，等客户下完单，由系统自动发出通知短信。

第三步：流量保存

在鱼塘营销的第二步，我们虽然会获得充足的"鱼苗"，但是这样吸引进来的"鱼苗"可能参差不齐，我们还需要对这些鱼苗进行筛选，将最优质的"鱼苗"留下来，这样店铺流量的质量才会更高。

1. 有效互动，增强用户的信任感

依据拼多多平台的社交电商属性，商家如果可以与用户进行强互动，那么商家与用户之间的关系将会越来越紧密，用户对商家的信任感也会更强，这对于店铺商品的转化将会非常有利。一般来说，商家与用户之间的强信任感主要通过以下途径实现。

（1）发布趣味话题。商家可以根据自家商品的特性，设计与商品使用场景有关的一些有趣味的话题，发布到朋友圈，吸引微信好友参与讨论，这样能很好地拉近与用户之间的距离，让用户对商家的感觉更加亲切，从而对商家建立良好的信任感。同时，这种趣味话题的讨论情景在引起用户共鸣感的同时，也会激发他们的转发兴趣，从而让商家的影响力实现快速传播。

（2）与用户成为朋友。商家可以通过浏览微信好友的朋友圈来了解用户，实现客观洞察用户的目的；通过主动聊天了解用户的真实需求，为用户提供相应的问题解决策略。这样，对于一部分用户来说，他们会因为商家无微不至的付出而心存感激，对商家产生好感与信任感。

总之，商家要通过微信这个社交渠道与用户多互动，让用户与商家之间的距离尽可能地缩短，彼此之间建立信任感，进而给店铺带来有效流量。

2. 发朋友圈，展示新上架商品

在与用户成为微信好友之后，商家要利用好这一层关系，当店铺有新品上架时，提前将新品在朋友圈展示，做好新品预告，同时给朋友圈的用户抢鲜价购买的机会。这种策略能将商家对朋友圈用户的尊重与重视体现出来，在说服用户购买与消费方面具有很好的作用。

3. 检查、清理"僵尸粉"

商家可能会发现，在微信好友中，有些用户的活跃度非常低，他们不仅没有购买行为，而且也不发朋友圈，这些人添加微信的目的或许只是为了领红包。这样的微信好友可能不会为店铺带来价值，所以商家应当定期检查、清理这些"僵尸粉"，将能够为店铺带来价值的用户保留下来。

第四步：获取回报

当店铺的"鱼"养到一定程度时，商家就可以利用这些"鱼"来赚钱了。用"鱼"赚钱，也就是用老客户来带动店铺商品的销量，以此为店铺带来有效的回报。商家用"鱼"赚钱的形式有以下两种。

1. 让老客户带动店铺新品的销量

商家与老客户通过前面的环节已经建立了较为牢固的信任基础，当店铺有新品上架时，商家可以采用向老客户低价出售新品的形式来吸引老客户购买，这样新品的基础销量与评价数据将会得到改善与提升，从而给新用户的购买提供借鉴，促进新品的转化。

2. 注重老客户对老品的回购

有一些老客户可能对店铺中同款商品进行过多次购买，同时还对老品做过扩散，影响其他人也发生购买行为，这其实就是理想的老客户对老品的回购。为了提升老客户对老品的回购率，商家可以采用以下三种措施。

（1）保证商品的高品质。商品品质是吸引用户最有力的因素，因此要想提升老客户对老品的回购率，商家必须保证商品的品质。对于用户来说，物美价廉是他们持续消费的关键，所以商家为用户提供的商品品质一定要有保证，这样才可以赢取用户的复购机会。

（2）用小赠品感谢用户的购买。小赠品也是用户复购行为发生的一个出发点。商家如果可以按照商品的属性，为它配置一些有性价比的赠品，那么用户收到货之后，会对商家产生更强烈的好感，更愿意再次进行消费。

(3)赠送用户再次消费的优惠券。在用户发生第一次购买行为之后,商家可以赠送用户一张再次消费的优惠券。这样在让利行为的刺激下,用户会产生再次进入店铺消费的欲望。这种优惠券商家可以持续循环使用,从而不断地提升店铺商品的转化率。

附录

拼多多商品及信息发布通则

1. 总则

1.1 商家应当严格遵守相关法律法规及平台规则之规定，不得发布法律法规或平台规则禁止出售的商品或禁止发布的信息，不得侵害平台及任何第三方的合法权益，包括但不限于知识产权、物权、债权等。

1.2 商家应当按照拼多多平台相关管理要求、商家后台系统流程，以及相关国家标准、行业标准发布商品或信息，对商品本身（基本属性、规格、保质期、瑕疵等）、品牌、外包装、发货情况、交易附带物等情况进行真实、准确、完整的描述。

2. 商品分类

2.1 商家应当根据店铺主营类目发布对应品类的商品，不得发布主营类目以外的商品。

2.2 商家应当根据所发布商品，按照页面提示逐级选择正确的分类。

3. 商品标题

3.1 商品标题范本如下：商品名称（型号）+（与商品相关的非关键属性）+规格+（商品货号）。括号内为非必填项，商品名称与规格为必填信息。在填写规格时，为避免引起他人误解（如：将小写字母l误读成数字1）而导致纠纷，建议所有规格单位，如克（G）、升（L），均使用大写。

3.2 标题编辑过程中需注意：

3.2.1 不得在标题中添加标点符号（产品型号及括号除外），同时为了整体美观，如需使用括号，应使用中文括号"【 】"。

3.2.2 不得出现下列违规关键词：

（1）价格敏感词，包括但不限于：跳楼价、劲爆价、亏本甩卖、空降价、恐怖价、底价、吊牌价、有奖销售、还本销售、自杀价、倒闭价等。

（2）营销敏感词，包括但不限于：特供、代购、镇店之宝、大促、万人好评、批发、秒杀、清仓、全网第一、销量第一、第一、网络爆款、全网首发、同款等。

（3）绝对化用语，包括但不限于：国家级、最高级、顶级、一流、唯一、第一、最佳、最新、最先进等。

（4）功效敏感词，包括但不限于：防癌、抗癌、抗衰、返老还童、祛病、神丹等。

（5）其他可能违反《中华人民共和国广告法》《中华人民共和国价格法》等法律法规及相关平台规则之规定的关键词。

3.2.3 不得出现与所发布商品无关的信息，例如：

（1）除拼多多以外的其他电商平台或网站，或者线下店铺的任何信息。

（2）与商品无关的异常字符串，如长串数字、网址等。

3.2.4 不允许出现明示或暗示贬低拼多多平台其他商品或商家，或者其他电商平台或网站的信息。

3.2.5 不允许出现过期的促销信息，周年庆等活动结束后，应及时删除相关的营销词汇。

4. 商品属性

4.1 商家填写的商品属性需真实、准确、有效。

4.2 商家填写的商品属性信息应与商品标题、商品图片以及商品描述保持一致。

附录 拼多多商品及信息发布通则

5. 商品描述

5.1 商家应在商品描述中对商品进行拓展介绍，对商品本身（基本属性、规格、数量、保质期、瑕疵等）、品牌、外包装、发货情况、交易附带物等情况进行真实、准确、完整的描述。

5.2 商品描述中对商品的性能、功能、产地、用途、质量、成分、价格、生产者、有效期限、允诺等或者对服务的内容、提供者、形式、质量、价格、允诺等有表示的，应当准确、清楚、明白。

5.3 商品信息中表明推销的商品或者服务附带赠送的，应当明示所附带赠送商品或者服务的品种、规格、数量、期限和方式。

5.4 法律、行政法规规定宣传中应当明示的内容，应当显著、清晰表示。

5.5 商品描述还应符合本规则第7.2.2条至7.2.5条之规定。

6. 商品图

6.1 商家应根据系统提示和要求上传商品的主图、轮播图、详情图、SKU预览图。

6.2 商品主图背景应以纯白为主，商品图案居于图片中央，不得添加任何与品牌相关的文字或logo。

6.3 商品主轮播图不得添加任何文字，不得有边框、角标、标签、水印等。

6.4 图片应清晰美观，不失真，应确保图中展示的商品外观不变形。

6.5 商家应确保所上传的图片不侵犯他人的合法权益，不得使用有明确指向性的对比图片。

6.6 商品图片应突出商品主体，不得使用可能引起他人不适的图片或文字。

7. 商品规格（SKU）与库存

7.1 SKU即Stock Keeping Unit（库存量单位），是指商品的销售属性集

209

合，供买家在下单时点选，如"规格""颜色分类""尺码"等。

7.2 商品的部分SKU的属性值可以由商家自定义编辑，商家发布商品须遵循销售属性的本质内容，合理地自定义编辑SKU。

7.3 商家填写SKU与库存应注意：

7.3.1 不得利用低价SKU引流。

7.3.2 不得以非常规的数量单位发布商品。

7.3.3 不得通过修改商品类目、品牌、型号等关键属性使其成为另一款商品。

8. 商品市场价

8.1 商家填写的市场价应严格遵守法律规定、遵循市场规律，并确保可以提供该价格的合法依据或可供比较的出处。

8.2 商家设置商品售价时应参考所填写的市场价，拼多多单买价不得高于商品市场价。

9. 商品类型

9.1 商品类型分为普通商品、进口商品、直供商品和直邮商品等，海淘店铺不得发布普通商品，除拼多多国际店铺（即境外商家开设的店铺）外，其他店铺均不得发布直供商品。

9.2 商家应当根据不同商品类型补充其他相关信息：

9.2.1 进口商品：即自境外进口、境内仓发货的商品，需要选择进口国家/地区。

9.2.2 直供商品：即境内保税仓发货的境外商品，需要选择商品来源国家/地区、保税仓和报关海关。

9.2.3 直邮商品：即境外直接发货的境外商品，需要选择商品来源国家/地区。

9.3 商家应根据商品实际情况如实选择商品类型，普通商品不得选择其他类型，二手商品应当选择普通商品类型。

10. 是否预售

10.1 商家可以根据需要发布预售商品或非预售商品。

10.2 预售商品需要设置预售时间,即商品发货完成(以物流公司揽件为准)的时间。

11. 发货时间承诺

11.1 商家发布非预售商品可以根据需要选择发货时间承诺,该时间为商品的最迟发货时间。

11.2 不同品类商品可选的承诺发货时间可能不同,具体以发货规则(包括《拼多多发货规则》《拼多多特殊商品发货规则》等,下同)及系统页面提示为准。

12. 运费模板

12.1 商品价格默认为包邮价格,商家可以根据需要制作并选择运费模板、设置包邮的区域,也可以通过设置运费模板为偏远地区用户提供"满(多件)包邮""满(一定金额)包邮"的服务。

13. 拼单信息

商家应根据需要设置商品的拼单人数,至少选择2人,至多选择9人。

14. 七天无理由退换货

商家应当按照法律规定并根据所发布商品的特性选择是否支持七天无理由退换货。

15. 违规及处理

15.1 商家发布的商品或信息不符合本规则之规定或系统要求的,平台将视情况对相应商品或信息采取降权、屏蔽、删除、下架、禁售等处理措施,要求商家在指定期限内整改并对店内其他商品进行自检自查。

15.2 平台除按照14条对违规商品或信息进行处理外,还将视商家违规情节轻重,对店铺采取限制措施,包括但不限于全店商品移除资源位、禁止上资源位、移除广告、降权、屏蔽、下架、禁售、禁止上新、禁止上架等。

16. 附则

16.1 本规则于2016年4月1日首次生效。

16.2 本规则于2019年9月14日最新修订生效。

16.3 商家发布、编辑商品或信息的行为，发生在本规范修订生效以前的，适用当时的规则，发生在本规则修订生效以后的，适用本规则。